KB058137

강제집행을 면할 목적으로
채무자가 재산을 은닉·허위양도·허위 채무부담

강제집행면탈죄 고소장
작성방법·고소방법

편저 : 대한법률콘텐츠연구회

(콘텐츠 제공)

해설 · 서식 · 판례

법문북스

- 머 리 말 -

분쟁에 있어 법적으로 책임이 있는 채무자에게 그 책임을 이행할 자력이 있으면 아무런 걱정이 없고 채권회수가 어려워질 이유도 없습니다. 문제는 책임을 질 채무자에게 책임을 질 자력이 없다는 점에 있습니다.

강제집행을 할 수도 없는 채무자를 상대로 소송을 한다는 것도 특별한 사정이 없는 한 무익한 것입니다. 그래도 채무를 변제하지 않으려고 채무자가 가지고 있는 재산을 빼돌리거나 다른 사람의 명의로 돌려놓고 배짱을 부리는 채무자가 우리 주변에는 너무나 많습니다.

돈을 빌려가고 갚지 않는 것도 분통이 터지는 데 어쩌다 채무자를 마주치면 고급 승용차를 타고 다니고 채권자는 능력이 없어서 잘 가지도 못하는 그런 식당에서 잘 먹고 돈을 물 쓰듯 잘 쓰면서 돈을 갚지 않은 채무자의 모습을 보면 누가 그냥 보고만 있겠습니까.

억울하고 분해서 울며 겨자 먹기 식으로 채무자를 상대로 민사소송을 제기하여 판결을 받아 확정되었음에도 채무자가 변제하지 않고 강제집행을 하려고 여러 번 시도를 해보았지만 채권자가 민사소송을 제기할 그 무렵 채무자의 명의로 되어 있던 재산을 채무자의 처 명의로 빼돌려놓았거나 다른 사람의 명의로 허위양도를 해놓고 오히려 마음대로 해보라며 배짱을 부리는 채무자가 한 둘이 아닙니다.

형법 제327조 강제집행면탈죄는 "강제집행을 면할 목적으로 재산을 은닉, 손괴, 허위양도 또는 허위의 채무를 부담하여 채권자를 해한 자"를 처벌한다고 규정하고 있습니다. 강제집행면탈죄는 강제집행이 임박한 채권자의 권리를 보호하기 위한 것이므로, 강제집행면탈죄의 객체는 채무자의 재산 중에서 채권자가 민사집행법상 강제집행 또는 보전처분(가압류 또는 가처분 등)의 대상으로 삼을 수 있는 것이라면 얼마든지 강제집행면탈죄로 채무자를 고소하면 처벌시킬 수 있습니다.

강제집행면탈죄는 채무자가 현실적으로 민사소송법에 의한 강제집행 또는 가압류 또는 가처분의 집행을 받을 우려가 있는 객관적인 상태 말하자면 적어도 채권자가 민사소송을 제기하거나 가압류나 가처분의 신청을 할 기세를 보이고 있는 상태에서, 채무자가 자신의 재산에 대하여 강제집행을 면탈할 목적으로, 재산을 은닉, 손괴, 허위양도하거나 허위의 채무를 부담하여 채권자를 해할 위험이 있으면 성립하고 채무자를 강제집행면탈죄로 고소하면 얼마든지 처벌할 수 있습니다.

채무자들은 채무를 변제하지 않으려고 자신의 재산을 허위로 양도하는 행위를 많이 합니다. 실제로 양도의 진의가 없음에도 불구하고 표면상 양도의 형식을 취하여 재산의 소유명의를 변경시키고 버티거나 아니면 가까운 지인이나 다른 사람에게 자신의 재산을 은닉하는데 이것은 강제집행을 실시하는 채권자로 하여금 채무자의 재산을 발견하는 것을 불능 또는 곤란하게 만들어놓고 배짱을 부리는 경우 가차 없이 강제집행면탈죄로 고소하시면 얼마든지 처벌시킬 수 있습니다.

채무자가 채권자의 강제집행을 면할 목적으로 자신의 재산을 다른 사람에게 빼돌리거나 다른 사람과 결탁하여 허위양도를 하거나 허위의 채무를 부담하는 것으로 조작해놓고 마음대로 해보라고 버티고 있어도 수많은 채권자들은 채무자를 상대로 어떠한 조치를 취해야 하는지 모르고 채무자의 처분만 바라보는 채권자가 주변에는 너무나 많습니다.

본서에는 채권자는 누구든지 채무자가 강제집행을 면할 목적으로 자신의 재산을 은닉하거나 손괴 또는 허위양도나 허위채무의 부담으로 재산을 빼돌려놓고 배짱을 부리는 채무자를 상대로 어떤 이유에서 강제집행면탈죄가 성립하는지 형사 고소는 어떻게 해야 하는지 채권자가 직접 해결할 수 있도록 도서에 만전을 기하여 수록하였습니다.

우리 본서를 접한 모든 분들은 채무자를 상대로 법적조치를 문제없이 잘 해결하시고 늘 웃으시면서 건강하시기 바랍니다.

감사합니다.

편저자 드림

강제집행면탈죄

강제집행면탈죄

제1장 강제집행면탈죄

1. 보호법익

　강제집행면탈죄는 강제집행을 면할 목적으로 재산을 은닉, 손괴, 허위 양도 또는 허위의 채무를 부담하여 채권자를 해한 경우에 성립하는 범죄로서 강제집행면탈죄는 형법상의 범죄이지만 채권자의 채권을 보호법익으로 하고 있습니다.

　민사집행법상의 강제집행을 면할 목적으로 행하는 범죄인 면에서 민사 법리와 매우 밀접한 관련을 맺고 있는 범죄라고 할 수 있습니다.

　강제집행면탈죄는 고소의 율은 높은 편이나, 기소율은 낮고 주로 채권의 만족을 얻기 위해 형법 제327조의 강제집행면탈죄는 '강제집행을 면할 목적으로 재산을 은닉, 손괴, 허위 양도 또는 허위의 채무를 부담하여 채권자를 해한 자는 3년 이하의 징역 또는 1,000만 원 이하의 벌금에 처한다. 에 의하여 고소하고 있습니다.

　한편 강제집행면탈죄는 채권이라는 개인적 법익을 침해하는 범죄로서 다루고 있으나 강제집행이라는 국가의 민사집행행위를 목적범의 목적으로 규정하여 역시 강제집행을 침해하는 범죄도 보호법익으로서 다루고 있습니다.

　강제집행면탈죄는 민사법상의 쟁점이나 부동산거래의 복잡함을 고려해 보았을 때에 이러한 강제집행면탈죄에 있어서 강제집행의 개념과 그 보호법익을 어느 범위까지 확정해야 할 것인가를 깊이 있게 생각해 보아야 하는데 결코 쉽지는 않습니다.

2. 공권력의 의미

　민사적 의미의 강제집행은 절차를 의미합니다.

　즉 국가의 공권력을 행사하여 집행권원이 된 사법상의 청구권을 강제적으로 실현시키기 위한 절차자체를 말합니다. 즉 강제집행은 그 개념자체에서 사법상 청구권의 강제적 실현을 위하여 공권력이 동원되는 절차를 내포하고 있습니다.

　국가는 정당한 민사법상의 청구권, 즉 채권을 가지고 있다고 하여도 개인적인 자력구제를 행사하는 것은 정의의 요청에 반하고, 새로운 분쟁을 야기하기 때문에 긴급한 경우의 위법성조각사유인 자구행위를 제외하고 원칙적으로 자력구제를 금지하고 있습니다.

따라서 공권력의 주체인 국가가 직접 나서서 판결 등으로 확정된 청구권, 즉 채권 등의 권리를 실현해 주는 국가구제절차가 강제집행입니다.

강제집행의 목적은 궁극적으로 채권자의 채권을 지키고 실현해 주기 위해서 채무자 소유의 부동산 등을 압류하여 현금화한 후 그 매각대금으로 채권자의 금전채권의 만족을 얻게 함을 목적으로 합니다. 이러한 강제집행은 개인의 채권이 발생하고 이러한 채권이 제대로 회수되지 않은 상태에서 채권의 실현을 위해서 국가가 강제적 구제절차를 동원하고 구제의 결과로 결국은 개개인의 채권자의 채권이 실현되는 과정을 필연적으로 거치게 되는 것입니다.

집행권원을 가진 채권자는 채무자에 대하여 집행채권을 가지게 됩니다. 그리고 채권자는 국가에 대하여 집행청구권을 가지며, 국가는 채무자에 대하여 강제집행 실시권, 말하자면 강제집행권을 갖는다는 의미에서 강제집행절차는 3면적 법률관계를 형성하게 됩니다.

여기서 민사상 채권을 가진 개인이 채권을 행사하여 강제집행을 청구한다는 것은 개인이 강제집행권을 갖지 않고 국가가 강제집행권을 장악하고 있으며, 개인이 국가로 하여금 강제집행의 실시를 촉구하는 집행청구권을 가질 뿐이라는 것을 말합니다.

이러한 집행청구권은 국가구제의 의무 때문에 생기는 개인적 공권이라고 할 수 있습니다.

집행권원은 사법상의 청구권, 즉 채권을 전제로 합니다.

또한 이러한 강제집행청구권은 자신의 채권을 민사집행법상의 진행절차에 따라서 집행조치를 해달라는 청구권이지, 채권자가 가지는 채권의 만족이라는 유리한 집행을 요구하는 청구권은 아닙니다.

3. 강제집행의 종류

민사집행법상의 강제집행의 종류는 채권자의 채권의 종류에 따라서 금전채권에 기초한 강제집행(금전집행)과 금전채권 외의 채권에 기초한 강제집행(비금전집행)으로 나눌 수 있습니다.

금전집행으로서 채권자의 금전채권의 만족을 위하여 부동산을 매각하여 그 대금으로서 금전채권의 만족을 얻는 부동산집행 등과 채무자가 은행에 예금 등을 가지는 경우에 채권압류 및 전부명령이나 추심명령 등을 통하여 집행하려는 동산집행 등이 있습니다.

비금전집행으로서는 금전 이외의 채권의 만족을 위하여 행하는 강제집행을 의미합니다. 직접강제와 가처분을 집행보전수단으로 하는 것을 특징으로 합니다. 여기에 해당하는 것은 물건인도를 청구하는 인도 집행, 작위를 요구하는 작위집행, 부작위를 요구하는 부작위집행, 부작위를 요구하는 의사표시집행 등이 있습니다.

4. 강제집행의 효과

한편 강제집행의 효과에 따라서 본 집행과 가집행 및 보전집행으로 나눌 수 있습니다. 본 집행은 채권자에게 확정적 만족을 주는 강제집행으로서 확정된 종국판결과 이와 같이 볼 수 있는 집행권원에 기초하여 행하는 것이고 가집행은 상급심에서 가집행 선고가 취소되거나 변경되면 효력이 없어지는 해제조건부로 채권자에게 만족을 주는 강제집행이며 가집행 선고가 있는 종국판결에서 행해질 수 있습니다.

보전처분은 가압류 및 가처분의 집행을 말하고 이러한 보전처분은 일반적으로 장래의 강제집행의 보전이나 본안소송의 종결 시까지의 권리의 잠정적 보전을 내용으로 하고 있기 때문에 최종적인 만족적 집행에 이르지는 못합니다.

5. 형사상 강제집행

형사적 의미의 강제집행은 형법 제327조 구성요건상의 강제집행면탈죄에서 강제집행을 면할 목적에서의 강제집행의 개념을 의미합니다.

형법상의 재산 개념은 재산을 순수하게 법률적으로만 판단하고 경제적 가치를 문제 삼지 않는 법적인 재산개념과 법적인 측면을 전혀 고려하지 않고 경제적 교환가치만을 재산으로 판단하여 불법원인에 대한 재산까지 모두 형법상 보호의 대상으로 하는 경제적 재산개념, 이 두 가지를 혼합하고 법적으로 인정되고 있습니다.

강제집행면탈죄에서의 강제집행은 개인의 채권에 대한 강제집행을 면탈할 목적으로 채권자를 해하였을 경우에 성립하는 범죄이므로 이러한 채권의 객체인 재산도 역시 형사상의 개인적 재산개념을 기준으로 하고 있다고 볼 수 있습니다.

재산을 추상적으로 파악하는 것을 거부하고 소유자에 대한 개인적, 질적인 가치 범위와 관련하여 파악하고자 하는 데에 그 특징이 있습니다. 이러한 개인적 재산에 의한다면 강제집행면탈죄에서의 보호의 주체인 채권자 개인의 자유로운 강제집행 조치에 대한 청구를 통하여 채권의 만족을 달성할 수 있는 목표들을 중요하게 고려합니다.

판례는 '담보권 실행 등을 위한 경매' 말하자면 임의경매를 면할 목적으로 재산을 은닉하는 등의 행위는 강제집행면탈죄의 규율 대상에 포함되지 않는다고 봅니다. 결국 판례는 강제집행면탈죄의 강제집행은 민사집행법 제2편의 적용대상인 강제집행 또는 가압류, 가처분 등의 집행을 의미한다고 해석하고 있습니다. 또한 금전채권 뿐만 아니라 비금전채권인 소유권이전등기의 강제집행도 강제집행면탈죄의 강제집행에 포함된다고 밝히고 있습니다.

제2장 권리행사방해죄와 구분

1. 권리행사방해죄

형법 제323조에 규정된 권리행사방해죄는 타인의 점유 또는 권리가 된 자기의 물건 또는 전자기록 등 특수매체기록을 취거, 은닉 또는 손괴하여 타인의 권리행사를 방해하는 자를 처벌하고 있는 범죄유형입니다.

권리행사방해죄는 자기의 부동산에 피담보채권으로서 저당권을 설정해 놓은 부동산의 소유권자가 강제집행을 예상하면서 자기의 재산인 부동산을 은닉하거나 허위 양도하여 채권자를 해한 경우에 타인, 즉 채권자의 권리행사인 국가의 강제집행청구권의 행사를 방해하는 경우에 강제집행면탈죄인지 권리행사방해죄인지가 문제됩니다.

이는 강제집행의 개념에 국가의 강제집행을 청구하는 채권자의 권리행사가 포함되고 채권자를 해한다는 것은 권리행사를 방해하는 것과 동일한 의미로 해석할 수도 있기 때문입니다.

강제집행면탈죄나 권리행사방해죄 모두 소유권자의 소유권을 배제하고 제한물권 혹은 채권자를 보호한다는 측면이 있다는 점에서 공통점이 있습니다.

권리행사방해죄는 그 주체가 소유권자에 한정합니다.

말하자면 자기의 물건을 타인의 제한물권 또는 채권의 목적물로 제공한 사람에 한정된 소유권자가 주체이므로 소유권자가 자기물건을 담보로 제공한 자를 범죄의 주체로서 한정하는 진정 신분 범이며, 이러한 자의 소유권 행사를 배제합니다.

강제집행면탈죄도 소유권자의 소유권 행사를 배제하고 채권자의 채권을 보호한다는 면에서 권리행사방해죄와 동일한 측면이 있습니다. 강제집행면탈죄는 강제집행을 받을 상태에 있는 채무자 및 채무자와 동일한 지위에서 채무자의 재산에 대하여 처분행위를 할 수 있는 자가 행위주체입니다.

2. 강제집행면탈죄

구체적으로 강제집행을 받을 우려가 있는 상태에서 강제집행을 면탈할 목적으로 허위의 채무를 부담하는 등의 행위를 하여 강제집행을 불가능하게 하거나 현저한 곤란을 초래하여 추후 민사재판에서 승소 후 강제집행의 확실성을 떨어뜨리는 경우가 발생하게 되면 채권자를 해한 것으로 보고 강제집행면탈죄가 성립하여 고소하면 피고소인을 처벌할 수 있습니다.

이것은 강제집행절차에서 채권자의 채권만족에 현저한 장애를 불러일으키는 행위로 인정되어 집행절차에 즉시 대응할 수 없으면 채권자를 해할 위험이 인정되어 강제집행면탈죄의 성립을 인정할 수 있는 것을 의미합니다.

3. 채권의 침해 시기

결국 강제집행면탈죄의 채권의 침해 시기는 추후 강제집행단계에서의 채권만족 과정에서 채권자의 즉시 대응이 불가능하게 되어 장애가 발생하게 되는 시기와 일치합니다. 이러한 시기에는 재산은닉이나 허위양도 혹은 허위의 채무를 부담하여 채권자를 해하게 되면 강제집행면탈죄의 보호법익인 채권이 침해됩니다.

궁극적으로 이러한 시기는 채무불이행시기입니다.

따라서 강제집행면탈죄가 권리행사방해죄와는 달리 채무불이행이 발생할 경우에 강제집행을 면할 목적으로 행해지는 목적범인 사실과도 부합됩니다.

강제집행면탈죄의 보호법익은 점유권 수반 여부와 관계없이 바로 '채권' 그 자체입니다. 다만 이러한 채권은 채권자 개인이 국가구제의 의무를 발동케 하여 집행되는 국가의 강제집행, 말하자면 강제집행과 모든 경매절차 및 이러한 채권을 지키기 위하여 발동되는 보전처분으로서 채권의 만족을 얻는 것이 가능한 권리이어야 합니다. 그러므로 채무불이행으로 채권이 침해되면 강제집행면탈죄의 보호법익도 침해되었다고 볼 수 있습니다.

제3장 보호법익의 제외

　　민법상 소멸시효가 완성된 채권은 채무가 변제한 경우에 비채변제가 되지는 않지만 시효의 원용이 있으면 채무 자체가 소멸하여 당연히 강제집행이 불가능하므로 강제집행면탈죄에 보호되는 채권이 아닙니다.

　　또한 강제집행을 하지 못하도록 사전에 불제소의 합의가 있는 채권이나 상속에서 상속을 포기하거나 한정승인의 범위를 벗어나는 채권은 자연채무가 될 수 있으므로 역시 강제집행면탈죄의 보호의 범위에서 벗어납니다.

제4장 물적 담보의 경우

우선 채권자가 채권보전조치를 물적 담보로서 설정해 놓은 경우는 계약을 통하여 물적 담보를 제공하거나 제공받은 시점부터 채무변제 등의 사유로 채권이 소멸하여 소유권자인 자신의 소유권이 완전히 기능을 되찾게 되는 기간까지 권리행사가 방해되어야 성립합니다.

그리고 국가의 강제집행을 불가능하게 하거나 현저한 곤란을 초래하는 행위가 발생하여 추후 강제집행의 확실성을 떨어뜨리는 경우가 발생하면 강제집행면탈죄가 성립합니다.

이는 채무불이행의 시기를 기준으로 합니다.

제5장 담보가 없는 경우

채권자가 채권보전조치를 해 놓치 않은 경우는 채무불이행이 발생하면 채무자의 재산에 직접 강제경매로서 강제집행을 행사하는 경우가 대부분입니다. 이 경우에는 채권자가 채권보전조치를 물적 담보로서 설정해 놓지 않았기 때문에 채무변제 등의 사유로 채권이 소멸하여 소유권자인 자신의 소유권이 완전히 기능을 되찾게 되는 기간까지 권리행사방해죄가 성립합니다.

강제집행을 통하여 채권의 만족을 얻게 되기 때문에 권리행사방해죄의 성립시기 및 소멸시기에 있어서 강제집행면탈죄가 권리행사방해죄보다 먼저 성립하고 권리행사방해죄는 채권자의 보전처분 이후에 성립한다는 점에서 시점의 차이가 있습니다.

강제집행을 불가능하게 하거나 현저한 곤란을 초래하는 행위가 발생하여 추후 강제집행의 확실성을 떨어뜨리는 경우가 발생하면 강제집행면탈죄가 성립합니다. 채권자가 채권보전조치를 해 놓지 않은 경우의 문제점은 강제집행면탈죄의 성립 가능시기와 종료시기 사이에 권리행사방해죄의 성립가능시기가 시작됨으로 인하여 이 시기는 강제집행면탈죄와 권리행사방해죄가 모두 성립이 가능합니다.

제6장 강제집행면탈의 점

강제집행면탈죄는 제37장의 권리행사를 방해하는 죄의 장에서 규정되어 있으며, 개인적 법익을 침해하는 범죄입니다. 또한 보호법익으로서 개인의 채권을 최우선으로 보호하고 있습니다. 다만 그 과정에서 채권자의 채권의 실현과 만족을 위하여 발동되는 강제집행의 청구가 필수적으로 동반되고, 따라서 강제집행은 개인의 채권에 대한 만족과 침해를 막기 위하여 정당한 강제집행절차의 실현을 목적으로 합니다.

권리행사방해죄나 강제집행면탈죄 모두 민사 법리와 밀접한 관계를 맺고 있는 형법상의 범죄이며, 양 죄는 민사 법리의 철저한 검토 없이는 독자적이고 논리적인 형법상의 해석과 구분은 불가능합니다. 강제집행면탈죄는 채권의 성립과 실현 및 소멸과정에서 채권보전조치를 해 놓은 경우와 그렇지 않은 경우로 구분하여야 채무불이행을 기준시점으로 하여 강제집행면탈죄와 권리행사방해죄를 구분할 수 있습니다.

강제집행을 불가능하게 하거나 현저한 곤란을 초래하는 행위가 발생하여 추후 강제집행의 확실성을 떨어뜨리는 경우도 될 수 있으므로 강제집행죄도 될 수 있습니다. 예를 들어 금전소비대차 계약을 예로 들어 시기별로 설명할 경우 금전소비대차 계약의 성립(피담보채권의 성립)▷채무변제 시기의 도래 ▷채무불이행-강제집행면탈죄의 성립가능시기의 시작 ▷채권의 보전처분(가압류 혹은 가처분신청 등)-권리행사방해죄의 성립가능시기의 시작▷최고 및 강제집행의 청구 ▷강제집행(강제경매) ▷강제집행의 종료-강제집행면탈죄의 성립종료 시기 ▷청산 ▷채권의 소멸 및 완전한 소유권의 회복 ▷권리행사방해죄의 성립종료 시기입니다.

형법 제327조 강제집행면탈죄는 피고소범죄 중에서 압도적으로 높은 비율을 점유하고 있는 실정입니다. 강제집행면탈죄는 대부분 제3자가 아닌 채무자를 형사고소 하고 있으며 사법경찰관에 의하여 불송치 결정이나 검사에 의한 불기소처분의 위험을 무릅쓰고 채무자에 대한 채권의 회수의 심리적 압박수단으로서 많은 분들이 강제집행면탈죄로 고소하고 있습니다.

강제집행면탈죄로 고소하여 피고소인을 처벌하기 위해서는 먼저 범죄성립과 관련하여 구성요건해당성, 위법성조각사유, 책임조각사유 측면에서 우선 민법상의 채권자취소권이나 사해행위취소 청구소송을 먼저 적극적으로 적용해 볼 필요가 있습니다. 만약 요건에 맞지 않는다면 채무자회생 및 파산에 관한 법률상의 부인권의 적극적으로 활용하면 강제집행면탈죄가 보호하고자 하는 법익을 보호될 수 있습니다.

만약 강제집행면탈죄로 고소를 먼저 한 후 범죄사실을 입증하지 못해 사법경찰관에 의하여 불송치 결정이 되거나 검사에 의하여 불기소처분을 받는다면 이러한 수사기록은 그 후 채권자취소권이나 사해행위 취소 청구소송을 제기할 경우 채권자에게 불리한 영향이 미칠 것이라는 사실을 염두에 두고 고소하여야 합니다.

채권자취소권이나 사해행위취소 청구소송을 제기한 후 강제집행면탈의 점이 있으면 강제집행면탈죄로 고소하시면 얼마든지 처벌할 수 있겠으나 강제집행면탈죄로 형사고소부터 한 경우 범죄혐의 입증되지 않아 불송치 결정이 나오거나 검사의 불기소처분이 된 이후 채권자취소나 사해행위취소 청구소송을 제기할 경우 그 수사기록이 채무자에게 유리하게 작용되어 채권자에게 불이익이 생길 수 있습니다.

부동산의 1번 가등기권자와 제3취득자 (갑)이 채무자인 부동산 소유자의 이익을 위하여 후순위 채권자들에 의한 강제집행을 막고자 (갑)이 그 부동산을 매수하고 그 매매대금의 일부로 그 부동산의 가등기권자에 대한 채무를 변제하되 일단 가등기권자 명의로의 소유권이전의 본등기를 경료하여 다른 채권자들의 가압류 및 강제경매의 기입등기를 직권 말소케 하는 일련의 등기절차를 거치기로 상호 간에 사전에 협의, 공모하였다면, 가등기권자는 채무자의 형법 제327조 강제집행면탈죄에 가담하였다 할 것이므로 설사 가등기권자 자기의 채권담보의 실행 책으로 소유권이전의 본등기를 하고 또 (갑)이 정당한 가격으로 그 부동산을 매수하였다 할지라도 채무자의 강제집행면탈죄의 공범으로서의 죄책을 면할 수 없습니다.

강제집행면탈죄에 있어서 재산의 "은닉" 이라 함은 재산의 소유관계를 불명케 하는 행위도 포함하는 것입니다. 부동산의 선순위 가등기권자와 그 부동산 소유자가 사전 모의하여 그 부동산에 관한 다른 채권자의 강제집행을 면할 목적으로 선순위 가등기권자 앞으로 소유권이전의 본등기를 한 경우도 재산의 은닉에 해당하므로 형법 제327조 강제집행면탈죄로 고소하시면 얼마든지 처벌할 수 있습니다.

제7장 강제집행면탈 행위

강제집행면탈죄의 행위는 채무자가 재산을 은닉, 손괴, 허위의 양도 또는 허위의 채무부담으로 채권자를 해하는 것입니다.

여기서 은닉은 강제집행을 실시하려는 채권자에 대하여 재산의 발견을 불가능하게 하거나 곤란하게 만드는 것을 말합니다.

손괴는 재물의 물질적 훼손뿐 아니라 그 가치를 감소시키는 일체의 행위를 포함합니다.

허위 양도는 재산의 양도가 없음에도 양도한 것처럼 가장하여 재산의 명의를 변경하는 것을 말합니다.

허위의 채무를 부담한다는 것은 채무가 없음에도 채무를 부담한 것처럼 가장하는 것을 말합니다.

강제집행면탈죄에 있어서 허위양도는 실제로 양도의 진의가 없음에도 불구하고 표면상 양도의 형식을 취하여 재산의 소유명의를 변경시키는 것입니다. 은닉은 강제집행을 실시하는 자로 하여금 채무자의 재산을 발견하는 것을 불능 또는 곤란하게 만드는 것을 의미합니다.

그러므로 진실한 채무를 부담한 때에는 강제집행면탈죄가 성립하지 않습니다.

그와 같은 행위로 인하여 채권자를 해할 위험이 있으면 강제집행면탈죄가 성립합니다. 반드시 현실적으로 채권자를 해하는 결과가 야기되어야만 강제집행면탈죄가 성립하는 것은 아닙니다.

형법 제327조의 강제집행면탈죄는 채권자의 권리보호를 그 주된 보호법익으로 하고 있는 것이므로 강제집행의 기본이 되는 채권자의 권리, 즉 채권의 존재는 강제집행면탈죄의 성립요건입니다. 따라서 그 채권의 존재가 인정되지 않을 때에는 강제집행면탈죄가 성립하지 않습니다.

예를 들어 고소인 주식회사 ○○건설(이하'○○건설'이라 줄여 쓰겠습니다)은 피고소인 ○○○을 상대로 공사대금 청구소송을 제기하여 ○○○○. ○○. ○○.광주지방법원에서'위 피고 ○○○는 ○○건설에 ○○,○○○,○○○원 및 이에 대한 지연손해금을 지급하라'는 취지의 일부 승소판결을 받아 위 판결이 ○○○○. ○○. ○○.확정되었으므로 위 판결에 기해 이 사건 공사대금채권의 존재는 확정되었다고 할 것입니다.

한편, 강제집행면탈죄는 이른바 위태범으로서 강제집행을 당할 구체적인 위험이 있는 상태에서 재산을 은닉, 손괴, 허위양도 또는 허위의 채무를 부담하면 바로 성립하는 것입니다. 반드시 채권자를 해하는 결과가 야기되거나 이로 인하여 행위자가 어떤 이득을 취하여야 강제집행면탈죄가 성립하는 것은 아닙니다. 은닉한 부동산의 시가 보다 그 부동산에 의하여 담보된 채무액이 더 많다고 하여 그 은닉으로 인하여 채권자를 해할 위험이 없다고 할 수 없습니다. 위 공사대금채권이 ○○건설의 채권자들에 의하여 압류당한 상태라도 이 사건 건물의 허위양도로 인하여 위 채권의 만족에 지장을 초래할 위험이 없다고 할 수 없습니다.

피고소인이 금전채권에 기하여 이를 담보하는 양 설정한 소유권이전등기청구권 보전을 위한 가등기를 ○○○에게 양도해 주고, ○○○으로 하여금 본등기를 경료하게 함으로써 이 사건 건물이 허위로 양도되게 하였음을 알 수 있는바, 위와 같은 담보가등기 설정행위를 강제집행면탈죄가 성립합니다.

강제집행면탈죄는 위태범으로 현실적으로 민사집행법에 의한 강제집행 또는 가압류, 가처분의 집행을 받을 우려가 있는 객관적인 상태 아래 즉, 채권자가 본안 또는 보전소송을 제기하거나 제기할 태세를 보이고 있는 상태에서 주관적으로 강제집행을 면탈하려는 목적으로 재산을 은닉, 손괴, 허위양도하거나 허위채무를 부담하여 채권자를 해할 위험이 있으면 성립하는 것입니다.

반드시 채권자를 해하는 결과가 야기되거나 행위자가 어떤 이득을 취하여야 범죄가 성립하는 것은 아닙니다. 현실적으로 강제집행을 받을 우려가 있는 상태에서 강제집행을 면탈할 목적으로 허위채무를 부담하는 등의 행위를 하는 경우에는 달리 특별한 사정이 없는 한 채권자를 해할 위험이 있는 것이므로 강제집행면탈죄가 성립하여 처벌할 수 있습니다. 채무자에게 약간의 다른 재산이 있다 하여 채권자를 해할 우려가 없다고 할 수 없습니다.

강제집행면탈죄의 법 정의에도 나와 있듯이 허위양도는 실제로 양도의 진의가 없음에도 불구하고 표면상 양도의 형식을 취하여 재산에 대한 소유명의를 변경시키는 것입니다.

은닉은 강제집행을 실시하는 채권자로 하여금 채무자의 재산을 발견하는 것을 불능 또는 곤란하게 만드는 것을 의미합니다.

그와 같은 행위로 인하여 채권자를 해할 위험이 있으면 강제집행면탈죄가 성립합니다. 반드시 현실적으로 채권자를 해하는 결과가 야기되어야만 강제집행면탈죄가 성립하는 것은 아닙니다.

따라서 강제집행면탈죄에 있어서 재산에는 동산·부동산뿐만 아니라 재산적 가치가 있어 민사소송법에 의한 강제집행 또는 보전처분이 가능한 특허 내지 실용신안 등을 받을 수 있는 권리도 포함됩니다.

강제집행면탈죄는 강제집행을 당할 구체적인 위험이 있는 상태에서 재산을 은닉, 손괴, 허위양도 또는 허위의 채무를 부담하여 채권자를 해할 때 성립되는 것입니다. 강제집행을 당할 구체적인 위험이 있는 상태는 채권자가 이행청구의 소 또는 그 보전을 위한 가압류, 가처분신청을 제기하거나 제기할 태세를 보인 경우를 의미합니다.

예를 들어 채무초과 상태에 있는 피고소인이 발행한 약속어음이 부도가 난 경우, 약속어음을 소지하고 있는 채권자로부터 강제집행을 당할 구체적인 위험이 있는 상태에 있다고 볼 수 있습니다.

대법원의 중요한 판례에 의하면 채권자의 채권이 금전채권이 아니라 토지 소유자로서 그 지상 건물의 소유자에 대하여 가지는 건물철거 및 토지인도청구권인 경우라면, 채무자인 건물 소유자가 제3자에게 허위의 금전채무를 부담하면서 이를 피담보채무로 하여 건물에 관하여 근저당권설정등기를 경료하였다는 것만으로는 직접적으로 토지 소유자의 건물철거 및 토지인도청구권에 기한 강제집행을 불능케 하는 사유에 해당한다고 할 수 없으므로 건물 소유자에게 강제집행면탈죄가 성립한다고 할 수 없고, 이는 건물 소유자가 토지 임차인으로서 임대인인 토지 소유자에 대하여 민법 제643조의 건물매수청구권을 행사함으로써 건물 소유자와 토지 소유자 사이에 건물에 관한 매매관계가 성립하여 토지 소유자가 건물 소유자에 대하여 건물에 관한 소유권이전등기 및 명도청구권을 가지게 된 후에 건물 소유자가 제3자에게 허위의 금전채무를 부담하면서 이를 피담보채무로 하여 건물에 관하여 근저당권설정등기를 경료한 경우에도 마찬가지로 판단하고 있습니다.

1. 기타의 재산

강제집행면탈죄에 있어서 재산이라고 하면 동산이나 부동산뿐만 아니라 재산적 가치가 있어 민사소송법에 의한 강제집행 또는 보전처분이 가능한 특허 내지 실용신안 등을 받을 수 있는 권리도 재산에 포함됩니다.

2. 명의신탁 관계

명의신탁자와 명의수탁자가 예를 들어 계약명의신탁 약정을 맺고 명의수탁자가 당사자가 되어 명의신탁 약정이 있다는 사실을 알지 못하는 소유자와 부동산에 관한 매매계약을 체결한 후 그 매매계약에 따라 당해 부동산의 소유권이전등기를 명의수탁자 명의로 마친 경우에는, 명의신탁자와 명의수탁자의 명의신탁 약정이 무효임에도 불구하고 부동산 실권리자명의 등기에 관한 법률 제4조 제2항 단서에 의하여 명의수탁자가 당해 부동산의 완전한 소유권을 취득합니다. 반면에 소유자가 계약명의신탁 약정이 있다는 사실을 안 경우에는 수탁자 명의의 소유권이전등기는 무효이고 당해 부동산의 소유권은 매도인이 그대로 보유하게 됩니다. 어느 경우든지 명의신탁자는 그 매매계약에 의해서는 당해 부동산의 소유권을 취득하지 못하게 되어, 결국 그 부동산은 명의신탁자에 대한 강제집행이나 보전처분의 대상이 될 수 없는 것입니다.

예컨대 명의신탁 부동산의 실질적 소유자인 피고소인이 강제집행을 면탈할 목적으로 부동산을 허위 양도하여 채권자들을 해하였다고 하며 강제집행면탈죄로 고소한 사안에서 위 부동산 중 대지는 ○○○이 매입하여 □□□명의로 명의신탁 해 두었다가 임의경매절차를 통하여 ◎◎◎에게 매각되자 다시 ◇◇주식회사의 명의로 매수하여 ◇◇회사 명의로 소유권이전등기를 마친 것인데, 이것은 신탁자인 피고소인과 명의수탁자인 ◇◇회사의 계약명의신탁 약정에 의한 것이므로 소유자 ○○○이 그러한 약정이 있다는 사실을 알았는지에 관계없이 명의신탁자인 피고소인은 대지의 소유권을 취득할 수 없고, 이후로도 위 대지에 관하여 피고소인의 이름으로 소유권이전등기를 마친 적이 없다면 피고소인에 대한 강제집행이나 보전처분의 대상이 될 수 없으므로 피고소인에 대한 강제집행면탈죄의 객체가 될 수 없지만 채권자들에 의한 복수의 강제집행이 예상되는 경우 재산을 은닉 또는 허위 양도함으로써 채권자들을 해하였다면 채권자별로 각각 강제집행면탈죄가 성립하고, 상호 상상적 경합범의 관계에 있은 것입니다.

3. 사실혼해소

　형법 제327조의 강제집행면탈죄는 채권자의 정당한 권리행사 보호 외에 강제집행의 기능보호도 법익으로 하는 것이나, 현행 형법상 강제집행면탈죄가 개인적 법익에 관한 재산범의 일종으로 규정되어 있는 점, 채권자를 해하는 것을 구성요건으로 규정하고 있는 점 등에 비추어 보면 주된 법익은 채권자의 권리보호에 있다고 해석하는 것이 타당하므로, 강제집행의 기본이 되는 채권자의 권리, 즉 채권의 존재는 강제집행면탈죄의 성립요건으로서 채권의 존재가 인정되지 않을 때에는 강제집행면탈죄는 성립하지 않습니다.

　그리고 채권이 존재하는 경우에도 채무자의 재산은닉 등 행위 시를 기준으로 채무자에게 채권자의 집행을 확보하기에 충분한 다른 재산이 있었다면 채권자를 해하였거나 해할 우려가 있다고 쉽사리 단정할 것이 아닙니다.

　예를 들어 채무자는 사실혼관계해소 청구소송을 제기한 갑에 대한 채무를 면탈하려고 채무자명의 아파트를 담보로 ○○억 원을 대출받아 그 중 ○억 원을 타인 명의 계좌로 입금하여 은닉하였다고 하여 강제집행면탈죄로 고소한 사안에서, 채무자의 재산은닉 행위 당시 갑의 재산분할청구권은 존재하였다고 보기 어렵고, 가사사건 제1심판결에 근거하여 위자료 ○,○○○만 원의 채권이 존재한다는 사실이 증명되었다고 볼 여지가 있었을 뿐이므로, 채무자에게 위자료채권액을 훨씬 상회하는 다른 재산이 있었던 이상 강제집행면탈죄는 성립하지 않는다고 보아야 합니다.

4. 채권의 존재가 성립요건

형법 제327조의 강제집행면탈죄는 채권자의 권리보호를 주된 보호법익으로 하므로 강제집행의 기본이 되는 채권자의 권리, 말하자면 채권의 존재는 강제집행면탈죄의 성립요건입니다.

따라서 채권의 존재가 인정되지 않을 때에는 강제집행면탈죄는 성립하지 않습니다. 그러므로 강제집행면탈죄로 고소하기 위해서는 먼저 채권이 존재하는지에 관하여 판단하여야 합니다. 예를 들어 민사소송의 절차에서 이미 채권이 존재하지 않는 것으로 판명된 경우에는 다른 특별한 사정이 없는 한 강제집행면탈죄는 성립할 수 없습니다.

한편 상계의 의사표시가 있는 경우에는 각 채무는 상계할 수 있는 때에 소급하여 대등액에 관하여 소멸한 것으로 보게 됩니다. 따라서 상계로 인하여 소멸한 것으로 보게 되는 채권에 관하여는 상계의 효력이 발생하는 시점 이후에는 채권의 존재가 인정되지 않으므로 강제집행면탈죄가 성립하지 않습니다.

예컨대 ○○○이 처 ○○○명의로 임차하여 운영하는 주유소의 주유대금 신용카드 결제를, 별도로 운영하는 다른 주유소의 신용카드 결제 단말기로 처리함으로써 ○○○명의 주유소의 매출채권을 다른 주유소의 매출채권으로 바꾸는 수법으로 은닉하여 ○○○에 대하여 연체차임 등 채권이 있어 ○○○명의 주유소의 매출채권을 가압류한 채권자의 강제집행을 면탈하였다는 내용으로 고소된 사안에서, ○○회사가 ○○○을 상대로 미지급 차임 등의 지급을 구하는 민사소송을 제기하였으나 ○○○이 임대차보증금 반환채권으로 상계한다는 주장을 하여 ○○회사의 청구가 기각된 판결이 확정된 사정에 비추어, 상계의 의사표시에 따라 ○○회사의 차임채권 등은 채권 발생 일에 임대차보증금 반환채권과 대등액으로 상계되어 소멸되었으므로 ○○○의 행위 당시 ○○회사의 채권의 존재가 인정되지 아니하여 강제집행면탈죄가 성립하지 않는 것입니다.

제8장 강제집행을 받을 위험

강제집행을 받을 위험이 있는 객관적 상태가 존재하여야 강게집행면탈죄가 성립합니다.

강제집행을 받을 위험이 있는 객관적 상태는 민사소송에 의한 강제집행 또는 가압류, 가처분 등의 집행을 당할 구체적 염려가 있는 상태를 말합니다. 이러한 상태가 존재하지 않는 경우에는 강제집행을 면할 목적으로 허위 양도 등을 하였더라도 강제집행면탈죄가 성립하지 않습니다.

채권자가 강제집행 또는 가압류, 가처분을 하거나 민사소송을 제기 또는 지급명령신청을 한 사실이 없다 하더라도 채권을 확보하기 위해 소송을 제기할 기세를 보인다면 강제집행을 받을 상태가 됩니다.

강제집행면탈죄에 있어서의 강제집행은 민사소송법에 의한 강제집행 또는 가압류, 가처분 등의 집행을 말합니다.

강제집행을 불가능하게 하거나 현저한 곤란을 초래하는 행위가 발생하여 추후 강제집행의 확실성을 떨어뜨리는 경우가 발생하면 강제집행면탈죄가 성립하여 고소하시면 피고소인을 얼마든지 범죄혐의 입증하여 처벌할 수 있습니다.

형법 제327조의 강제집행면탈죄는 채무자가 현실적으로 민사소송법에 의한 강제집행 또는 가압류 또는 가처분의 집행을 받을 우려가 있는 객관적인 상태 말하자면 적어도 채권자가 민사소송을 제기하거나 가압류나 가처분의 신청을 할 기세를 보이고 있는 상태에서, 채무자가 강제집행을 면탈할 목적으로, 재산을 은닉, 손괴, 허위양도하거나 허위의 채무를 부담하여 채권자를 해할 위험이 있는 경우에 성립합니다.

진의에 의하여 재산을 양도하였다면 설령 그것이 강제집행을 면탈할 목적으로 이루어진 것으로서 채권자의 불이익을 초래하는 결과가 되었다고 하더라도 강제집행면탈죄의 허위양도 또는 은닉에는 해당하지 아니한다고 보아야 할 것입니다.

한편 그와 같은 행위로 인하여 채권자를 해할 위험이 있으면 강제집행면탈죄가 성립하고 반드시 현실적으로 채권자를 해하는 결과가 야기되어야만 강제집행면탈죄가 성립하는 것은 아닙니다.

형법 제327조 강제집행면탈죄는 "강제집행을 면할 목적으로 재산을 은닉, 손괴, 허위양도 또는 허위의 채무를 부담하여 채권자를 해한 자"를 처벌한다고 규정하고 있습니다. 강제집행면탈죄는 강제집행이 임박한 채권자의 권리를 보호하기 위한 것이므로, 강제집행면탈죄의 객체는 채무자의 재산 중에서 채권자가 민사집행법상 강제집행 또는 보전처분의 대상으로 삼을 수 있는 것이어야 성립합니다.

한편 의료법 제33조 제2항, 제87조 제1항 제2호는 의료기관 개설자의 자격을 의사 등으로 한정한 다음 의료기관의 개설자격이 없는 자가 의료기관을 개설하는 것을 엄격히 금지하고 있고, 이를 위반한 경우 형사 처벌하도록 정함으로써 의료의 적정을 기하여 국민의 건강을 보호·증진하는 데 기여하도록 하고 있습니다. 또한 국민건강보험법 제42조 제1항은 요양급여는 '의료법에 따라 개설된 의료기관'에서 행하도록 정하고 있습니다. 따라서 의료법에 의하여 적법하게 개설되지 아니한 의료기관에서 요양급여가 행하여졌다면 해당 의료기관은 국민건강보험법상 요양급여비용을 청구할 수 있는 요양기관에 해당되지 아니하여 해당 요양급여비용 전부를 청구할 수 없는 것입니다.

해당 의료기관의 채권자로서도 위 요양급여비용 채권을 대상으로 하여 강제집행 또는 보전처분의 방법으로 채권의 만족을 얻을 수 없는 것이므로, 결국 위와 같은 채권은 강제집행면탈죄의 객체가 되지 아니합니다.

강제집행면탈죄의 객체인 재산이라고 하면 채무자의 재산 중에서 채권자가 민사집행법상 강제집행 또는 보전처분(가압류 또는 가처분 등)의 대상으로 삼을 수 있는 것을 의미하는데, 장래의 권리라도 채무자와 제3채무자 사이에 채무자의 장래청구권이 충분하게 표시되었거나 결정된 법률관계가 존재한다면 재산에 해당하는 것으로 보아야 합니다.

예를 들어 고소인은 조 모 씨의 채권자로서 조 모 씨가 장 모 씨의 소유 부동산 경매사건에서 지급받을 배당금 채권의 일부에 가압류를 해 두었는데, 조 모 씨가 사망 후 상속인 등이 공모하여 조 모 씨의 장 모 씨에 대한 채무가 완제된 것처럼 허위의 채무완제확인서를 작성하여 법원에 제출하는 등의 방법으로 매각허가 결정된 장 모 씨 소유 부동산의 경매를 취소하였다는 내용으로 강제집행면탈죄로 고소한 사안에서, 조 모 씨의 상속인들이 장 모 씨 소유 부동산의 경매절차에서 배당받을 배당금지급채권은 강제집행면탈죄의 객체인 '재산'에 해당하므로 피고소인 등이 장 모 씨의 조 모 씨에 대한 채권이 완제된 것처럼 가장하여 조 모 씨의 상속인 등을 상대로 청구이의 소를 제기하고 그 판결에 기하여 강제집행정지 및 경매취소에 이르게 한 행위는 소유관계를 불명하게 하는 방법에 의한'재산의 은닉'에 해당하므로 피고소인을 강제집행면탈죄로 처벌할 수 있습니다.

제9장 고소하는 방법

강제집행을 불가능하게 하거나 현저한 곤란을 초래하는 행위가 발생하여 추후 강제집행의 확실성을 떨어뜨리는 경우가 발생하면 강제집행면탈죄가 성립하고 범죄혐의를 입증하시면 피고소인을 강력한 처벌을 시킬 수가 있습니다.

얼마 전까지만 해도 전송치주의에 의하여 강제집행면탈죄 고소장은 검찰이나 경찰에 제출하면 대부분 경찰에서 사법경찰관이 수사하고 피의자에 대한 범죄혐의 인정되면 기소의견으로 송치하고, 피의자에 대한 범죄혐의 인정되지 않는다고 인정하면 불기소의견으로 검찰에 송치하면 검사가 최종적으로 수사한 결과 피의자에 대한 범죄혐의 유죄로 인정된다고 판단하면 공소를 제기하고, 피의자에 대한 범죄혐의 인정되지 않는다고 판단하면 불기소처분을 했습니다.

불기소처분에 불복이 있는 고소인 등은 불기소처분 통지서를 받은 날부터 30일 내에 그 검사 소속 지방검찰청이나 지청을 경유하여 관할 고등검찰청 검사장에게 항소할 수 있습니다.

수사권이 조정되어 형사소송법이 개정되었으므로 강제집행면탈죄의 1차적 수사권, 수사종결권은 경찰에 있으므로 강제집행면탈죄의 고소장은 피고소인의 주소지를 관할하는 경찰서에 제출하여야 합니다. 다만 피고소인의 인적사항을 알지 못하는 경우 고소장에 피고소인의 기본정보를 기재하고 고소인의 주소지를 관할하는 경찰서에 고소장을 접수하시면 사법경찰관이 기본정보를 활용하여 압수수색 영장발부 절차를 거쳐 피고소인의 소재를 파악해 출석시켜 조사가 이루어집니다.

경찰서에 강제집행면탈죄 고소장이 접수되면 사법경찰관이 고소장과 증거관련 서류를 면밀히 검토하여 수사한 결과 피의자에 대한 범죄혐의 인정되면 1차적 수사권에 의하여 기소의견으로 검찰에 송치하고, 피의자에 대한 범죄혐의 인정되지 않는다고 판단하면 수사종결권에 의하여 불송치(강제집행면탈죄가 유죄로 인정되지 않는다고 판단하면 검찰에 송치하지 아니하고 경찰에서 수사종결권에 의하여 자체적으로 사건을 종결처리 한다는 뜻입니다) 결정을 할 수 있습니다.

사법경찰관이 강제집행면탈죄 고소사건을 수사한 결과 피의자에 대한 범죄혐의 인정되지 않는다는 판단으로 불송치 결정을 하는 때에는 7일 이내에 서면으로 고소인 등에게 강제집행면탈죄 고소사건을 1차적 수사권에 의하여 기소의견으로 검찰에 송치하지 아니하는 취지나 그 이유를 통지하여야 합니다.

불송치 결정을 통지받은 고소인 등은 그 사법경찰관 소속 관서의 장(경찰서장)에게 이의신청(검찰청법에는 불기소처분에 대한 불복으로 제기하는 항고를 30일 내에 하도록 규정하고 있으나 경찰의 불송치 결정에 대한 이의신청의 기간은 형사소송법을 개정하면서 정하지 않았습니다)을 할 수 있습니다.

이의신청을 받은 사법경찰관은 지체 없이 고소인 등이 제출한 이의신청서와 사법경찰관이 강제집행면탈죄 고소사건에 대하여 지금까지 수사한 그 수시기록과 함께 검사에게 송부하여야 합니다.

검사는 고소인이 제출할 이의신청서를 먼저 읽고 그 다음 사법경찰관이 작성한 수사기록을 읽고 이의신청서와 수사기록을 비교, 검토하여 고소인 등이 제출한 이의신청이 이유 있고 사법경찰관이 한 수사가 미진한 부분이 있으면 다시 사법경찰관에게 보완수사를 하게하고 기소 여부를 결정하거나 사법경찰관이 작성한 수사기록에 의하여 사법경찰관이 기소의견으로 송치하지 아니하고 불송치 결정을 한 것이 위법 또는 부당한 때는 재수사를 요청하고 최종적으로 기소 여부를 결정할 수 있습니다.

강제집행면탈죄의 고소장은 범죄혐의 입증하여야만 사법경찰관이 수사한 결과 피의자에 대한 수사종결권에 의하여 불송치 결정을 하지 않습니다. 고소장은 사법경찰관이 유죄의 심증을 움직이는 데 초점을 맞추고 범죄혐의를 이해하기 쉽게 설명하는식으로 고소장을 작성하여야 효과적입니다.

사법경찰관이 수사한 결과 피의자에 대한 범죄혐의 인정되지 않는다는 불송치 결정을 한 경우 이의신청을 통하여 검사에게 사법경찰관이 불송치이유로 삼은 법적근거는 어떤 이유에서 무엇이 잘못됐다는 것임을 검사가 이의신청서만 읽고도 즉석에서 확인하고 조사할 수 있도록 이의신청서를 작성하여야 검사가 이의신청을 받아들여 다시 사법경찰관에게 보완수사 내지 재수사를 하게하고 최종적으로 기소 여부를 결정하게 됩니다.

제10장 강제집행면탈죄 고소장

(1)고소장 - 강제집행면탈죄 개인 소유부동산과 법인명의 부동산을 처와 지인에게 허위양도 처벌요구 고소장 최신서식

고　　　소　　　장

고　소　인 :　○　　　○　　　○

피　고　소　인 :　○　　　○　　　○

인천시 ○○경찰서장 귀중

고 소 장

1.고소인

성 명	○ ○ ○		주민등록번호	생략
주 소	인천시 ○○구 ○○로 ○○, ○○○-○○○○호			
직 업	개인사업	사무실 주 소	생략	
전 화	(휴대폰) 010 - 1289 - 0000			
대리인에 의한 고 소	□ 법정대리인 (성명 : ,　　　연락처　　　　　) □ 소송대리인 (성명 : 변호사,　　연락처　　　　)			

2.피고소인

성 명	○ ○ ○		주민등록번호	생략
주 소	인천시 부평구 ○○로길 ○○, ○○○-○○○호			
직 업	무직	사무실 주 소	생략	
전 화	(휴대폰) 010 - 8790 - 0000			
기타사항	고소인과 친인척관계 없습니다.			

3.고소취지

　고소인은 피고소인을 형법 제327조 강제집행면탈죄로 고소하오니 피고소인을 철저히 수사하여 법에 준엄함을 깨달을 수 있도록 엄벌에 처하여 주시기 바랍니다.

4. 범죄사실

(1) 적용법조

○ 형법 제327조 강제집행면탈 죄

강제집행을 면할 목적으로 재산을 은닉, 손괴, 허위양도 또는 허위의 채무를 부담하여 채권자를 해한 자는 3년 이하의 징역 또는 1,000만 원 이하의 벌금에 처합니다.

(2) 강제집행의 대상

○ 고소인은 ○○○○. ○○. ○○. 피고소인에게 금 ○○,○○○,○○○원을 대여하였으나 피고소인이 이를 변제하지 않아 ○○○○. ○○. ○○.고소인은 피고소인을 상대로 인천지방법원 ○○○○가단○○○○호로 대여금반환 청구소송을 제기하여 ○○○○. ○○. ○○.승소판결을 받고 그 무렵 동판결을 확정되었습니다.

(3) 재산의 은닉 및 허위양도

○ 피고소인 ○○○은 유한회사 ○○식품의 대표이사이고, 고소 외 ○○○은 피고인의 누이로서 위 회사의 실질적인 소유자인바,

○ 피고소인 ○○○는 고소인이 피고소인에 대하여 가지는 위 강제집행의 대상에 대한 강제집행을 면탈할 목적으로 ○○○○. ○○. ○○.피고소인 소유의 인천시 ○○구 ○○로길 ○○○,소재 대지 ○○○㎡ 및 위 지상 ○층 건물을 고소 외 ○○○에게 이전한다는 허위내용의 매매계약서를 작성한 다음 같은 해 ○○. ○○.소유권이전등기를 경료함으로써 위 부동산을 허위 양도하여 채권자인 고소인을 해하고,

○ 피고소인은 강제집행을 면탈할 목적으로 ○○○○. ○○. ○○.유한회사 ○○식품 소유의 충청남도 예산군 소재 대지 ○,○○○㎡, 위 지상 냉장창고, 공장 및 부속건물에 대하여 고소 외 ○○○으로 하여금 임의경매에서 (주)○○ 명의로 금 ○○○,○○○,○○○원에 경락받게 함으로써 위 부동산을 허위 양도하여 채권자인 고소인을 해한 것입니다.

5. 고소이유

(1) 고소인은 피고소인에게 ○○,○○○,○○○원을 빌려주고 피고소인이 갚지 않아 피고소인을 상대로 민사소송을 제기하여 승소판결을 받아 판결이 그 무렵 확정되어 피고소인의 소유인 인천시 ○○구 ○○로길 ○○○,소재 대지 ○○○㎡ 및 위 지상 ○층건물에 대한 강제집행을 실시하려고 하였으나 고소 외 ○○○에게 이전한다는 허위내용의 매매계약서를 작성한 다음 같은 해 ○○. ○○.소유권이전등기를 경료함으로써 위 부동산을 허위 양도하여 채권자인 고소인을 해한 사실이 있습니다.

(2) 피고소인은 ○○○○. ○○. ○○.유한회사 ○○식품 소유의 충청남도 예산군 소재 대지 ○,○○○㎡, 위 지상 냉장창고, 공장 및 부속건물에 대하여 고소 외 ○○○으로 하여금 임의경매에서 (주)○○ 명의로 금 ○○○,○○○,○○○원에 경락받게 함으로써 위 부동산을 허위 양도하여 채권자인 고소인을 해한 것입니다.

(3) 피고소인이 변제할 채무가 있음에도 불구하고 강제집행을 면할 목적으로 피고소인의 누이를 비롯하여 지인 고소 외 ○○○에게 허위 양도에 의하여 재산을 이전한 것이므로 형법 제327조 강제집행면탈 죄가 성립합니다.

(4) 그러므로 피고소인과 고소 외 ○○○ 사이의 채무유무를 철저히 수사하면 강제집행면탈혐의로 처벌할 수 있습니다.

6. 증거자료

□ 고소인은 고소인의 진술 외에 제출할 증거가 없습니다.

■ 고소인은 고소인의 진술 외에 제출할 증거가 있습니다.

☞ 제출할 증거의 세부내역은 별지를 작성하여 첨부합니다.

7.관련사건의 수사 및 재판여부

① 중복 고소여부	본 고소장과 같은 내용의 고소장을 다른 검찰청 또는 경찰서에 제출하거나 제출하였던 사실이 있습니다 □ / 없습니다 ■
② 관련 형사사건 수사유무	본 고소장에 기재된 범죄사실과 관련된 사건 또는 공범에 대하여 검찰청이나 경찰서에서 수사 중에 있습니다 □ / 수사 중에 있지 않습니다 ■
③ 관련 민사소송 유무	본 고소장에 기재된 범죄사실과 관련된 사건에 대하여 법원에서 민사소송 중에 있습니다 □ / 민사소송 중에 있지 않습니다 ■

8.기타

본 고소장에 기재한 내용은 고소인이 알고 있는 지식과 경험을 바탕으로 모두 사실대로 작성하였으며, 만일 허위사실을 고소하였을 때에는 형법 제156조 무고죄로 처벌받을 것임을 아울러 서약합니다.

○○○○ 년 ○○ 월 ○○ 일

위 고소인 : ○   ○   ○   (인)

인천시 ○○경찰서장 귀중

별지 : 증거자료 세부 목록

    (범죄사실 입증을 위해 제출하려는 증거에 대하여 아래 각 증거별로 해당 난을 구체적으로 작성해 주시기 바랍니다)

1. 인적증거

성 명	○ ○ ○	주민등록번호		생략	
주 소	인천시 ○○구 ○○로 ○○길 ○○○,		직업	회사원	
전 화	(휴대폰) 010 - 4567 - 0000				
입증하려는 내 용	위 ○○○은 피고소인의 범행일체에 대하여 소상히 알고 있으므로 이를 입증하고자 합니다.				

2. 증거서류

순번	증 거	작성자	제출 유무
1	판결문	고소인	■ 접수시 제출　□ 수사 중 제출
2	등기부등본	고소인	■ 접수시 제출　□ 수사 중 제출
3			□ 접수시 제출　□ 수사 중 제출
4			□ 접수시 제출　□ 수사 중 제출
5			□ 접수시 제출　□ 수사 중 제출

3. 증거물

순번	증 거	소유자	제출 유무
1	판결문	고소인	■ 접수시 제출　□ 수사 중 제출
2			□ 접수시 제출　□ 수사 중 제출
3			□ 접수시 제출　□ 수사 중 제출
4			□ 접수시 제출　□ 수사 중 제출
5			□ 접수시 제출　□ 수사 중 제출

4. 기타증거

추후 필요에 따라 제출하겠습니다.

(2)고소장 - 강제집행면탈죄 공사한 건물을 허위양도 가등기하여 소유권이
전 처벌요구 고소장 최신서식

고　　　소　　　장

고　소　인 :　○　　　○　　　　○

피　고　소　인 :　○　　　○　　　　○

서울시　○○경찰서장　귀중

고 소 장

1.고소인

성 명	○ ○ ○	주민등록번호	생략
주 소	서울시 ○○구 ○○로 ○○, ○○○-○○○○호		
직 업	개인사업	사무실 주 소	생략
전 화	(휴대폰) 010 - 2378 - 0000		
대리인에 의한 고 소	□ 법정대리인 (성명 : , 연락처) □ 소송대리인 (성명 : 변호사, 연락처)		

2.피고소인

성 명	○ ○ ○	주민등록번호	생략
주 소	서울시 서대문구 ○○로길 ○○, ○○○-○○○호		
직 업	무직	사무실 주 소	생략
전 화	(휴대폰) 010 - 8712 - 0000		
기타사항	고소인과 친인척관계 없습니다.		

3.고소취지

　　고소인은 피고소인을 형법 제327조 강제집행면탈죄로 고소하오니 피고소인을 철저히 수사하여 법에 준엄함을 깨달을 수 있도록 엄벌에 처하여 주시기 바랍니다.

4. 범죄사실

(1) 적용법조

○ 형법 제327조 강제집행면탈 죄

강제집행을 면할 목적으로 재산을 은닉, 손괴, 허위양도 또는 허위의 채무를 부담하여 채권자를 해한 자는 3년 이하의 징역 또는 1,000만 원 이하의 벌금에 처합니다.

(2) 강제집행의 대상

○ 고소인은 ○○○○. ○○. ○○. 피고소인의 요청에 의하여 건축을 해주고 공사비 금 ○○,○○○,○○○원을 지급받지 못하여 피고소인을 상대로 ○○○○. ○○. ○○.서울 서부지방법원에 ○○○○가단○○○○호로 공사대금 청구소송을 제기하여 ○○○○. ○○. ○○.승소판결을 받았고 그 무렵 동 판결을 확정되었습니다.

(3) 재산의 은닉 및 허위양도

○ 고소인 주식회사 ○○건설(이하'○○건설'이라 줄여 쓰겠습니다)은 피고소인 ○○○을 상대로 공사대금 청구소송을 제기하여 ○○○○. ○○. ○○. 서울 서부지방법원에서'위 피고 ○○○는 ○○건설에 ○○,○○○,○○○원 및 이에 대한 지연손해금을 지급하라'는 취지의 승소판결을 받아 위 판결이 ○○○○. ○○. ○○.확정되었으므로 위 판결에 기해 이 사건 공사대금 채권의 존재는 확정되었다고 할 것입니다.

○ 피고소인은 금전채권에 기하여 서울시 ○○구 ○○로길 ○○, ○○○㎡ 위 지상 건물 ○○○,○○㎡에 대하여 이를 담보하는 양 설정한 소유권이전등기청구권 보전을 위한 가등기를 ○○○에게 양도해 주고, ○○○으로 하여금 본등기를 경료하게 함으로써 이 사건 건물이 허위로 양도되게 한 담보가등기 설정행위는 강제집행면탈죄가 성립합니다.

○ 한편, 강제집행면탈죄는 이른바 위태범으로서 강제집행을 당할 구체적인 위험이 있는 상태에서 재산을 은닉, 손괴, 허위양도 또는 허위의 채무를 부담하면 바로 성립하는 것입니다. 반드시 채권자를 해하는 결과가 야기되

거나 이로 인하여 행위자가 어떤 이득을 취하여야 범죄가 성립하는 것은 아닙니다. 은닉한 부동산의 시가보다 그 부동산에 의하여 담보된 채무액이 더 많다고 하여 그 은닉으로 인하여 채권자를 해할 위험이 없다고 할 수 없습니다. 위 공사대금채권이 ○○건설의 채권자에 의하여 압류당한 상태라도 이 사건 건물의 허위양도로 인하여 위 채권의 만족에 지장을 초래할 위험이 없다고 할 수 없습니다.

5. 고소이유

(1) 고소인은 피고소인에게 공사대금 금 ○○,○○○,○○○원을 받지 못해 피고소인을 상대로 민사소송을 제기하여 승소판결을 받아 판결이 그 무렵 확정되어 피고소인의 소유인 서울시 ○○구 ○○로길 ○○, ○○○㎡ 위 지상 건물 ○○○,○○㎡에 대한 강제집행을 실시하려고 하였으나 담보하는 양 설정한 소유권이전등기청구권 보전을 위한 가등기를 ○○○에게 양도해 주고, ○○○으로 하여금 본등기를 경료하게 함으로써 이 사건 건물이 허위로 양도되게 한 담보가등기 설정행위를 하여 채권자인 고소인을 해한 사실이 있습니다.

(2) 피고소인이 변제할 채무가 있음에도 불구하고 강제집행을 면할 목적으로 위 부동산을 담보하는 양 설정한 소유권이전등기청구권 보전을 위한 가등기를 ○○○에게 양도해 주고, ○○○으로 하여금 본등기를 경료하게 함으로써 이 사건 건물이 허위로 양도되게 한 담보가등기 설정행위를 하여 재산을 이전한 것이므로 형법 제327조 강제집행면탈 죄가 성립합니다.

(3) 그러므로 피고소인과 고소 외 ○○○ 사이의 채무유무를 철저히 수사하면 강제집행면탈혐의로 처벌할 수 있습니다.

6.증거자료

☐ 고소인은 고소인의 진술 외에 제출할 증거가 없습니다.

■ 고소인은 고소인의 진술 외에 제출할 증거가 있습니다.

　　☞ 제출할 증거의 세부내역은 별지를 작성하여 첨부합니다.

7.관련사건의 수사 및 재판여부

① 중복 고소여부	본 고소장과 같은 내용의 고소장을 다른 검찰청 또는 경찰서에 제출하거나 제출하였던 사실이 있습니다 ☐ / 없습니다 ■
② 관련 형사사건 수사유무	본 고소장에 기재된 범죄사실과 관련된 사건 또는 공범에 대하여 검찰청이나 경찰서에서 수사 중에 있습니다 ☐ / 수사 중에 있지 않습니다 ■
③ 관련 민사소송 유무	본 고소장에 기재된 범죄사실과 관련된 사건에 대하여 법원에서 민사소송 중에 있습니다 ☐ / 민사소송 중에 있지 않습니다 ■

8.기타

　본 고소장에 기재한 내용은 고소인이 알고 있는 지식과 경험을 바탕으로 모두 사실대로 작성하였으며, 만일 허위사실을 고소하였을 때에는 형법 제156조 무고죄로 처벌받을 것임을 아울러 서약합니다.

○○○○ 년 ○○ 월 ○○ 일

위 고소인 : ○　○　○　　(인)

서울시 ○○경찰서장 귀중

별지 : 증거자료 세부 목록

    (범죄사실 입증을 위해 제출하려는 증거에 대하여 아래 각 증거별로 해당 난을 구체적으로 작성해 주시기 바랍니다)

1. 인적증거

성 명	○ ○ ○	주민등록번호	생략	
주 소	서울시 ○○구 ○○로 ○○길 ○○○,		직업	회사원
전 화	(휴대폰) 010 - 4567 - 0000			
입증하려는 내 용	위 ○○○은 피고소인의 범행일체에 대하여 소상히 알고 있으므로 이를 입증하고자 합니다.			

2. 증거서류

순번	증 거	작성자	제출 유무	
1	판결문	고소인	■ 접수시 제출	□ 수사 중 제출
2	등기부등본	고소인	■ 접수시 제출	□ 수사 중 제출
3			□ 접수시 제출	□ 수사 중 제출
4			□ 접수시 제출	□ 수사 중 제출
5			□ 접수시 제출	□ 수사 중 제출

3. 증거물

순번	증 거	소유자	제출 유무	
1	판결문	고소인	■ 접수시 제출	□ 수사 중 제출
2			□ 접수시 제출	□ 수사 중 제출
3			□ 접수시 제출	□ 수사 중 제출
4			□ 접수시 제출	□ 수사 중 제출
5			□ 접수시 제출	□ 수사 중 제출

4. 기타증거

추후 필요에 따라 제출하겠습니다.

(3)고소장 - 강제집행면탈죄 가재도구 집기를 모두 제3자에게 옮겨 놓고 은 닉하여 처벌을 요구 하는 고소장 최신서식

고　　　소　　　장

고　소　인 :　○　　　○　　　○

피　고　소　인 :　○　　　○　　　○

제주시 동부경찰서장 귀중

고   소   장

1.고소인

성 명	○ ○ ○	주민등록번호	생략
주 소	제주시 ○○로 ○○, ○○○-○○○○호		
직 업	개인사업	사무실 주 소	생략
전 화	(휴대폰) 010 - 1289 - 0000		
대리인에 의한 고 소	□ 법정대리인 (성명 : , 연락처) □ 소송대리인 (성명 : 변호사, 연락처)		

2.피고소인

성 명	○ ○ ○	주민등록번호	생략
주 소	제주시 ○○로길 ○○, ○○○-○○○호		
직 업	무직	사무실 주 소	생략
전 화	(휴대폰) 010 - 8790 - 0000		
기타사항	고소인과 친인척관계 없습니다.		

3.고소취지

고소인은 피고소인을 형법 제327조 강제집행면탈죄로 고소하오니 피고소인을 철저히 수사하여 법에 준엄함을 깨달을 수 있도록 엄벌에 처하여 주시기 바랍니다.

4.범죄사실

(1) 적용법조

① 형법 제327조 강제집행면탈 죄

강제집행을 면할 목적으로 재산을 은닉, 손괴, 허위양도 또는 허위의 채무를 부담하여 채권자를 해한 자는 3년 이하의 징역 또는 1,000만 원 이하의 벌금에 처합니다.

(2) 강제집행의 대상

○ 고소인은 ○○○○. ○○. ○○. 피고소인에게 금 70,000,000원을 대여하였으나 피고소인이 이를 변제하지 않아 ○○○○. ○○. ○○.고소인은 피고소인을 상대로 제주지방법원 ○○○○가단○○○○호로 대여금반환 청구 소송을 제기하여 ○○○○. ○○. ○○.승소판결을 받고 그 무렵 동 판결을 확정되었습니다.

(3) 재산의 은닉 및 허위양도

○ 고소인은 ○○○○. ○○. ○○. 오후 ○○:○○경 피고소인의 집에서 강제집행을 하기 위하여 제주지방법원 ○○○○본○○○○호로 강제집행을 실하였는데 채무자의 집해는 일자미상 피고소인의 소유인 가재도구(집기)가 모두 없어졌습니다.

○ 고소인이 피고소인에게 가재도구(집기)를 어디로 옮긴 것인지 물었더니 자신의 사촌 동생 고소 외 ○○○에게 옮겨 놓았다고 하여 고소인이 피고소인의 사촌 동생 고소 외 ○○○을 통하여 확인하였습니다.

5.고소이유

(1) 고소인은 피고소인에게 7,000만 원을 빌려주고 피고소인이 갚지 않아 피고소인을 상대로 민사소송을 제기하여 승소판결을 받아 판결이 그 무렵 확정되어 피고소인의 집에 가재도구 등에 강제집행을 실시하였으나 피고

소인이 위 가재도구 들을 피고소인의 사촌 동생의 집에 **빼돌려** 놓고 은닉한 사실을 알게 되었습니다.

(2) 이에 고소인은 피고소인을 형법 제327조 강제집행면탈 죄로 고소한 것이며, 피고소인이 수사기관에서 자신의 사촌 동생에게 채무를 갚지 못해 가재도구로 변제하기 위해 옮긴 것이라고 주장할 가능성이 높습니다.

(3) 피고소인이 변제할 채무가 없음에도 불구하고 강제집행을 면할 목적으로 피고소인의 사촌 동생 고소 외 ○○○에게 가재도구를 옮긴 것이므로 형법 제327조 강제집행면탈 죄로 처벌해 주시기 바랍니다.

(4) 그러므로 피고소인과 고소 외 ○○○ 사이의 채무유무를 철저히 수사하면 강제집행면탈혐의로 처벌할 수 있습니다.

6.증거자료

□ 고소인은 고소인의 진술 외에 제출할 증거가 없습니다.

■ 고소인은 고소인의 진술 외에 제출할 증거가 있습니다.

　　☞ 제출할 증거의 세부내역은 별지를 작성하여 첨부합니다.

7.관련사건의 수사 및 재판여부

① 중복 고소여부	본 고소장과 같은 내용의 고소장을 다른 검찰청 또는 경찰서에 제출하거나 제출하였던 사실이 있습니다 □ / 없습니다 ■
② 관련 형사사건 수사유무	본 고소장에 기재된 범죄사실과 관련된 사건 또는 공범에 대하여 검찰청이나 경찰서에서 수사 중에 있습니다 □ / 수사 중에 있지 않습니다 ■
③ 관련 민사소송 유무	본 고소장에 기재된 범죄사실과 관련된 사건에 대하여 법원에서 민사소송 중에 있습니다 □ / 민사소송 중에 있지 않습니다 ■

8.기타

본 고소장에 기재한 내용은 고소인이 알고 있는 지식과 경험을 바탕으로 모두 사실대로 작성하였으며, 만일 허위사실을 고소하였을 때에는 형법 제156조 무고죄로 처벌받을 것임을 아울러 서약합니다.

○○○○ 년 ○○ 월 ○○ 일

위 고소인 : ○ ○ ○   (인)

제주시 동부경찰서장 귀중

별지 : 증거자료 세부 목록

(범죄사실 입증을 위해 제출하려는 증거에 대하여 아래 각 증거별로 해당 난을 구체적으로 작성해 주시기 바랍니다)

1. 인적증거

성 명	○ ○ ○	주민등록번호	생략		
주 소	제주도 서귀포시 ○○로 ○○길 ○○○,			직업	회사원
전 화	(휴대폰) 010 - 4567 - 0000				
입증하려는 내 용	위 ○○○은 피고소인의 범행일체에 대하여 소상히 알고 있으므로 이를 입증하고자 합니다.				

2. 증거서류

순번	증 거	작성자	제출 유무	
1	집행불능조서	고소인	■ 접수시 제출	□ 수사 중 제출
2	진술서	고소인	■ 접수시 제출	□ 수사 중 제출
3			□ 접수시 제출	□ 수사 중 제출
4			□ 접수시 제출	□ 수사 중 제출
5			□ 접수시 제출	□ 수사 중 제출

3. 증거물

순번	증 거	소유자	제출 유무	
1	집행불능조서	고소인	■ 접수시 제출	□ 수사 중 제출
2			□ 접수시 제출	□ 수사 중 제출
3			□ 접수시 제출	□ 수사 중 제출
4			□ 접수시 제출	□ 수사 중 제출
5			□ 접수시 제출	□ 수사 중 제출

4. 기타증거

추후 필요에 따라 제출하겠습니다.

(4)고소장 - 강제집행면탈죄 물품대금 판결선고 전 소유부동산 지인에게 매
　　매로 헐값에 이전 처벌요구 고소장

고　　　소　　　장

고　소　인 : ○　　　○　　　　○

피　고　소　인 : ○　　　○　　　　○

경기도 ○○경찰서장 귀중

고　　소　　장

1.고소인

성　　명	○　○　○	주민등록번호	생략
주　　소	경기도 평택시 ○○로 ○○, ○○○-○○○○호		
직　　업	개인사업	사무실 주　소	생략
전　　화	(휴대폰) 010 - 8714 - 0000		
대리인에 의한 고　　소	□ 법정대리인 (성명 :　　,　　　연락처　　　　) □ 소송대리인 (성명 : 변호사,　연락처　　　　)		

2.피고소인

성　　명	○　○　○	주민등록번호	생략
주　　소	경기도 평택시 안중면 ○○로길○○, ○○○-○○○호		
직　　업	무직	사무실 주　소	생략
전　　화	(휴대폰) 010 - 2223 - 0000		
기타사항	고소인과 친인척관계 없습니다.		

3.고소취지

고소인은 피고소인을 형법 제327조 강제집행면탈죄로 고소하오니 피고소인을 철저히 수사하여 법에 준엄함을 깨달을 수 있도록 엄벌에 처하여 주시기 바랍니다.

4. 범죄사실

(1) 적용법조

○ 형법 제327조 강제집행면탈 죄

강제집행을 면할 목적으로 재산을 은닉, 손괴, 허위양도 또는 허위의 채무를 부담하여 채권자를 해한 자는 3년 이하의 징역 또는 1,000만 원 이하의 벌금에 처합니다.

(2) 강제집행의 대상

○ 고소인은 ○○○○. ○○. ○○. 피고소인에게 물품을 공급하고 물품대금 금 ○○,○○○,○○○원을 지급받지 못하여 피고소인을 상대로 ○○○○. ○○. ○○.수원지방법원 평택지원에 ○○○○가단○○○○호로 물품대금 청구소송을 제기하여 ○○○○. ○○. ○○.승소판결을 받았으며, 그 무렵 동 판결을 확정되었습니다.

(3) 재산의 은닉 및 허위양도

○ 고소인 ○○○(이하 '○○식자재'이라 줄여 쓰겠습니다)은 피고소인 ○○○ 을 상대로 물품대금 청구소송을 제기하여 ○○○○. ○○. ○○.수원지방법 원 평택지원에서 '위 피고 ○○○는 원고 ○○○에게 금 ○○,○○○,○○○ 원 및 이에 대한 지연손해금을 지급하라'는 취지의 승소판결을 받아 위 판결이 ○○○○. ○○. ○○.확정되었으므로 위 판결에 기해 이 사건 물품대금채권의 존재는 확정되었다고 할 것입니다.

○ 피고소인과 고소 외 ○○○은 가까운 친척지간으로 채권자의 강제집행을 면탈할 목적으로 피고소인 소유의 경기도 평택시 ○○로길 ○○○, 대지 ○.○○○㎡와 동 지상 단독주택 건물 1동 ○○○.○○㎡ 그리고 같은 ○ ○로 ○○, 전 ○○.○○㎡를 ○○○○.○○. ○○. 고소 외 ○○○에게 매매를 원인으로 한 소유권이전등기를 경료하여 허위로 양도하여 채권자인 고소인을 해한 사실이 있습니다.

○ 한편, 강제집행면탈죄는 이른바 위태범으로서 강제집행을 당할 구체적인 위험이 있는 상태에서 재산을 은닉, 손괴, 허위양도 또는 허위의 채무를

부담하면 바로 성립하는 것입니다.

○ 반드시 채권자를 해하는 결과가 야기되거나 이로 인하여 행위자가 어떤 이득을 취하여야 범죄가 성립하는 것은 아닙니다. 허위 양도한 부동산의 시가보다 그 부동산에 의하여 담보된 채무액이 더 많다고 하여 그 허위 양도로 인하여 채권자를 해할 위험이 없다고 할 수 없습니다.

○ 위 물품대금채권이 고소인 ○○○의 채권자에 의하여 압류당한 상태라도 이 사건 건물의 허위 양도로 인하여 위 채권의 만족에 지장을 초래할 위험이 없다고 할 수 없으므로 피고소인의 고소 외 ○○○에게 매매를 원인으로 한 소유권이전등기를 경료하여 허위로 양도하여 채권자인 고소인을 해한 것은 형법 제327조 강제집행면탈죄가 성립합니다.

5.고소이유

(1) 고소인은 피고소인에게 물품대금 금 ○○,○○○,○○○원을 받지 못해 피고소인을 상대로 민사소송을 제기하여 승소판결을 받아 판결이 그 무렵 확정되어 피고소인의 재산인 위 부동산에 강제집행을 실시하려고 하였으나 피고소인의 소유인 경기도 평택시 ○○로길 ○○○, 대지 ○.○○○㎡와 동 지상 단독주택 건물 1동 ○○○.○○㎡ 그리고 같은 ○○로 ○○, 전 ○○.○○㎡를 ○○○○.○○. ○○. 고소 외 ○○○에게 매매를 원인으로 한 소유권이전등기를 경료하여 허위로 양도하여 채권자인 고소인을 해한 사실이 있습니다.

(2) 피고소인이 변제할 채무가 있음에도 불구하고 강제집행을 면할 목적으로 위 부동산을 고소 외 ○○○에게 매매를 원인으로 한 소유권이전등기를 경료하여 허위로 양도하여 소유권을 이전한 행위는 형법 제327조 강제집행면탈 죄가 성립합니다.

(3) 그러므로 피고소인과 고소 외 ○○○ 사이의 채무유무를 철저히 수사하면 강제집행면탈혐의로 처벌할 수 있습니다.

6.증거자료

☐ 고소인은 고소인의 진술 외에 제출할 증거가 없습니다.

■ 고소인은 고소인의 진술 외에 제출할 증거가 있습니다.

　　☞ 제출할 증거의 세부내역은 별지를 작성하여 첨부합니다.

7.관련사건의 수사 및 재판여부

① 중복 고소여부	본 고소장과 같은 내용의 고소장을 다른 검찰청 또는 경찰서에 제출하거나 제출하였던 사실이 있습니다 ☐ / 없습니다 ■
② 관련 형사사건 수사유무	본 고소장에 기재된 범죄사실과 관련된 사건 또는 공범에 대하여 검찰청이나 경찰서에서 수사 중에 있습니다 ☐ / 수사 중에 있지 않습니다 ■
③ 관련 민사소송 유무	본 고소장에 기재된 범죄사실과 관련된 사건에 대하여 법원에서 민사소송 중에 있습니다 ☐ / 민사소송 중에 있지 않습니다 ■

8.기타

　본 고소장에 기재한 내용은 고소인이 알고 있는 지식과 경험을 바탕으로 모두 사실대로 작성하였으며, 만일 허위사실을 고소하였을 때에는 형법 제156조 무고죄로 처벌받을 것임을 아울러 서약합니다.

　　　　　　○○○○ 년 ○○ 월 ○○ 일

　　　　　　　　　　위 고소인 : ○　○　○　　　(인)

경기도 ○○경찰서장 귀중

별지 : 증거자료 세부 목록

(범죄사실 입증을 위해 제출하려는 증거에 대하여 아래 각 증거별로 해당 난을 구체적으로 작성해 주시기 바랍니다)

1. 인적증거

성 명	○ ○ ○	주민등록번호		생략	
주 소	경기도 평택시 ○○로 ○○길 ○○○,			직업	회사원
전 화	(휴대폰) 010 - 1345 - 0000				
입증하려는 내 용	위 ○○○은 피고소인의 범행일체에 대하여 소상히 알고 있으므로 이를 입증하고자 합니다.				

2. 증거서류

순번	증 거	작성자	제출 유무	
1	판결문	고소인	■ 접수시 제출	□ 수사 중 제출
2	등기부등본	고소인	■ 접수시 제출	□ 수사 중 제출
3			□ 접수시 제출	□ 수사 중 제출
4			□ 접수시 제출	□ 수사 중 제출
5			□ 접수시 제출	□ 수사 중 제출

3. 증거물

순번	증 거	소유자	제출 유무	
1	판결문	고소인	■ 접수시 제출	□ 수사 중 제출
2			□ 접수시 제출	□ 수사 중 제출
3			□ 접수시 제출	□ 수사 중 제출
4			□ 접수시 제출	□ 수사 중 제출
5			□ 접수시 제출	□ 수사 중 제출

4. 기타증거

추후 필요에 따라 제출하겠습니다.

(5)고소장 - 강제집행면탈죄 허위 채무부담 등 강력한 처벌을 요구하는 강
제집행면탈죄 고소장 최신서식

고　　소　　장

고　소　인 :　○　　　○　　　○

피　고　소　인 :　○　　　○　　　○

전라북도 ○○경찰서장 귀중

고 소 장

1.고소인

성 명	○ ○ ○	주민등록번호	생략
주 소	서울시 ○○구 ○○로 ○○, ○○○-○○○○호		
직 업	개인사업	사무실 주 소	생략
전 화	(휴대폰) 010 - 2378 - 0000		
대리인에 의한 고 소	□ 법정대리인 (성명 : , 연락처) □ 소송대리인 (성명 : 변호사, 연락처)		

2.피고소인

성 명	○ ○ ○	주민등록번호	생략
주 소	전라북도 군산시 ○○로길 ○○, ○○○-○○○호		
직 업	무직	사무실 주 소	생략
전 화	(휴대폰) 010 - 8712 - 0000		
기타사항	고소인과 친인척관계 없습니다.		

3.고소취지

　　고소인은 피고소인을 형법 제327조 강제집행면탈죄로 고소하오니 피고소인을 철저히 수사하여 법에 준엄함을 깨달을 수 있도록 엄벌에 처하여 주시기 바랍니다.

4.범죄사실

(1) 적용법조

○ 형법 제327조 강제집행면탈 죄

강제집행을 면할 목적으로 재산을 은닉, 손괴, 허위양도 또는 허위의 채무를 부담하여 채권자를 해한 자는 3년 이하의 징역 또는 1,000만 원 이하의 벌금에 처합니다.

(2) 강제집행의 대상

○ 고소인은 ○○○○. ○○. ○○. 피고소인에게 금전을 대여하고 금 ○○○,○○○,○○○원을 지급받지 못한 상태에서 피고소인을 상대로 ○○○○. ○○. ○○.전주지방법원 군산지원에 ○○○○가합○○○○호로 대여금반환 청구소송을 제기하여 ○○○○. ○○. ○○.승소판결을 받았고 그 무렵 동 판결을 확정되었습니다.

(3) 재산의 은닉 및 허위양도

○ 고소인은 군산시 ○○로 소재에서 ○○○이라는 상호로 ○○○을 하고 있고, 피고소인은 전라북도 군산시 ○○로 ○○, ○○층(영화동) 소재의 ○○에너지 주식회사의 사주이고 대표이사로서 다음의 각 법인에 대한 사주이며 대표이사입니다.

- 다 음 -

1. ○○에너지 주식회사　대표이사　사주
2. ○○○에너지 주식회사　대표이사　사주
3. ○○○○산업 주식회사　대표이사　사주
4. 주식회사 ○○수결스틸　사주
6. 주식회사 ○○ 사주
7. 주식회사 ○○리조트(○○○○컨트리클럽 골프장) 전 이사 사주

○ 고소인은 위 주식회사 ○○리조트 ○○○○컨트리클럽 골프장(이하 앞으로는"골프장"으로만 줄여 쓰겠습니다)을 설립한 고소 외 ○○○에게 고소 외 ○○○과 함께 금 2,350,000,000원을 대여한 상태에서 위 대여금을 돌려받지 못하고 있었는데 피고소인 ○○○이 위 ○○에너지 주식회사(이하 앞으로"○○에너지"라고만 하겠습니다)의 자금으로 위 골프장을 인수하면서 그 인수대금으로 ○○○이가 사주로 있는 위 주식회사 ○○수경스틸(앞으로는"○○수경스틸"이라고만 하겠습니다)이 발행한 약속어음 금 ○○○,○○○,○○○원을 ○○에너지와 골프장이 각 배서하고 직접 고소인에게 ○○○○. ○○. ○○.교부하였으나 위 약속어음은 ○○○○. ○○. ○○.지급기일 이전에 부도 처리되었습니다.

○ 고소인 ○○○은 피고소인 ○○○을 상대로 대여금 청구소송을 제기하여 ○○○○. ○○. ○○.전주지방법원 군산지원에서'위 피고 ○○○는 원고 ○○○에 ○○○,○○○,○○○원 및 이에 대한 지연손해금을 지급하라'는 취지의 승소판결을 받아 위 판결이 ○○○○. ○○. ○○.확정되었으므로 위 판결에 기해 이 사건 대여금채권의 존재는 확정되었다고 할 것입니다.

○ 피고소인 ○○○은 ○○에너지의 자금으로 골프장을 인수하는 계약에 의하여 인수하였으면 당연히 ○○에너지 명의로 제반 권리를 취득하여야 함에도 불구하고 자신이 골프장에 돈을 빌려준 것처럼 골프장 건물에 무려 7,000,000,000원을 ○○○○. ○○. ○○.근저당권을 설정한 후 ○○○○. ○○. ○○. 확정채권양도를 원인으로 ○○○에너지 주식회사에게 이전하므로서 골프장을 인수한 ○○에너지에게 인수금액상당의 손해를 끼치고 피고소인 ○○○과 ○○○에너지 주식회사에게 동액상당의 이득을 취하게 한 것입니다.

○ 피고소인 ○○○은 ○○에너지의 법인재산을 ○○에너지의 명의로 하지 않고 피고소인 ○○○이 개인 명의로 근저당권을 경료하고 자신이 사주이고 대표이사로 있는 ○○○에너지 주식회사에게 이전하는 등 그 죄질이 매우 불량하여 형법 제327조 강제집행면탈죄로 고소하오니 철저히 수사하여 엄벌에 처하여 주시기 바랍니다.

○ 한편, 강제집행면탈죄는 이른바 위태범으로서 강제집행을 당할 구체적인 위험이 있는 상태에서 재산을 은닉, 손괴, 허위양도 또는 허위의 채무를

부담하면 바로 성립하는 것입니다. 반드시 채권자를 해하는 결과가 야기되거나 이로 인하여 행위자가 어떤 이득을 취하여야 범죄가 성립하는 것은 아닙니다. 은닉한 부동산의 시가보다 그 부동산에 의하여 담보된 채무액이 더 많다고 하여 그 은닉으로 인하여 채권자를 해할 위험이 없다고 할 수 없습니다. 위 공사대금채권이 ○○건설의 채권자에 의하여 압류당한 상태라도 이 사건 건물의 허위양도로 인하여 위 채권의 만족에 지장을 초래할 위험이 없다고 할 수 없습니다.

5.증거자료

□ 고소인은 고소인의 진술 외에 제출할 증거가 없습니다.

■ 고소인은 고소인의 진술 외에 제출할 증거가 있습니다.

☞ 제출할 증거의 세부내역은 별지를 작성하여 첨부합니다.

6.관련사건의 수사 및 재판여부

① 중복 고소여부	본 고소장과 같은 내용의 고소장을 다른 검찰청 또는 경찰서에 제출하거나 제출하였던 사실이 있습니다 □ / 없습니다 ■
② 관련 형사사건 수사유무	본 고소장에 기재된 범죄사실과 관련된 사건 또는 공범에 대하여 검찰청이나 경찰서에서 수사 중에 있습니다 □ / 수사 중에 있지 않습니다 ■
③ 관련 민사소송 유무	본 고소장에 기재된 범죄사실과 관련된 사건에 대하여 법원에서 민사소송 중에 있습니다 □ / 민사소송 중에 있지 않습니다 ■

7.기타

본 고소장에 기재한 내용은 고소인이 알고 있는 지식과 경험을 바탕으로 모두 사실대로 작성하였으며, 만일 허위사실을 고소하였을 때에는 형법 제156조 무고죄로 처벌받을 것임을 아울러 서약합니다.

○○○○ 년 ○○ 월 ○○ 일

위 고소인 : ○ ○ ○   (인)

전라북도 ○○경찰서장 귀중

별지 : 증거자료 세부 목록

　　　(범죄사실 입증을 위해 제출하려는 증거에 대하여 아래 각 증거별로 해당 난을 구체적으로 작성해 주시기 바랍니다)

1. 인적증거

성　명	○ ○ ○	주민등록번호	생략	
주　소	서울시 ○○구 ○○로 ○○길 ○○○,		직업	회사원
전　화	(휴대폰) 010 - 4567 - 0000			
입증하려는 내　용	위 ○○○은 피고소인의 범행일체에 대하여 소상히 알고 있으므로 이를 입증하고자 합니다.			

2. 증거서류

순번	증　거	작성자	제출 유무	
1	판결문	고소인	■ 접수시 제출	□ 수사 중 제출
2	등기부등본	고소인	■ 접수시 제출	□ 수사 중 제출
3			□ 접수시 제출	□ 수사 중 제출
4			□ 접수시 제출	□ 수사 중 제출
5			□ 접수시 제출	□ 수사 중 제출

3. 증거물

순번	증　거	소유자	제출 유무	
1	판결문	고소인	■ 접수시 제출	□ 수사 중 제출
2			□ 접수시 제출	□ 수사 중 제출
3			□ 접수시 제출	□ 수사 중 제출
4			□ 접수시 제출	□ 수사 중 제출
5			□ 접수시 제출	□ 수사 중 제출

4. 기타증거

추후 필요에 따라 제출하겠습니다.

(6)고소장 - 강제집행면탈죄 당좌수표부도 다음날 부동산 헐값에 이전등기 허위양도 처벌요구 고소장 최신서식

고   소   장

고 소 인 : ○   ○   ○

피 고 소 인 : ○   ○   ○ 외1

광주시 ○○경찰서장 귀중

고　　소　　장

1.고소인

성　　명	○ ○ ○		주민등록번호	생략
주　　소	광주시 ○○구 ○○로 ○○, ○○○-○○○○호			
직　　업	개인사업	사무실 주　소	생략	
전　　화	(휴대폰) 010 - 4579 - 0000			
대리인에 의한 고　　소	□ 법정대리인 (성명 :　　, 　　　연락처　　　　　) □ 소송대리인 (성명 : 변호사, 　연락처　　　　　)			

2.피고소인1

성　　명	○ ○ ○		주민등록번호	생략
주　　소	광주시 ○○구 ○○로길○○, ○○○-○○○호			
직　　업	무직	사무실 주　소	생략	
전　　화	(휴대폰) 010 - 2223 - 0000			
기타사항	고소인과 친인척관계 없습니다.			

피고소인2

성　　명	○ ○ ○		주민등록번호	생략
주　　소	광주시 광산구 ○○로 ○○, ○○○-○○○호			
직　　업	무직	사무실 주　소	생략	
전　　화	(휴대폰) 010 - 2678 - 0000			
기타사항	고소인과 친인척관계 없습니다.			

3. 고소취지

고소인은 피고소인들을 형법 제327조 강제집행면탈죄로 고소하오니 피고소인들을 철저히 수사하여 법에 준엄함을 깨달을 수 있도록 엄벌에 처하여 주시기 바랍니다.

4. 범죄사실

(1) 적용법조

○ 형법 제327조 강제집행면탈 죄

강제집행을 면할 목적으로 재산을 은닉, 손괴, 허위양도 또는 허위의 채무를 부담하여 채권자를 해한 자는 3년 이하의 징역 또는 1,000만 원 이하의 벌금에 처합니다.

(2) 강제집행의 대상

○ 고소인은 ○○○○. ○○. ○○.고소 외 ○○○을 통하여 피고소인1 으로부터 주식회사 ○○건설이 발행한 액면가 ○,○○○만 원권 당좌수표 1매를 교부받으면서 이 당좌수표에 대한 할인금을 주었는데 이 당좌수표가 ○○○○. ○○. ○○.부도 처리되었습니다.

○ 그런데 피고소인1은 위와 같이 고소인으로부터 당좌수표를 할인받은 것에 대하여 개인자격으로 고소인에게 별지 첨부한 차용증을 작성하여 주어, 고소인이 소지하고 있습니다.

○ 고소인과 고소 외 ○○○은 위와 같이 할인하여 준 당좌수표들이 부도된 것을 알게 되자 즉시 주식회사 ○○건설과 피고소인1의 개인 재산에 대하여 강제집행을 하려고 재산을 파악하고 나섰습니다.

(3) 재산의 은닉 및 허위양도

○ 고소인이 피고소인1의 재산을 파악하던 중 피고소인1의 소유인 광주시 ○○구 ○○로길 ○○, ○○○.○○㎡와 지상건물을 부도가 난 바로 다음날

에 피고소인2에게 매매를 원인으로 하여 소유권이전등기를 경료한 사실을 알게 되었습니다.

○ 고소인이 위 부동산에 대하여 현장 부동산 등에 의하여 알아본 바에 의하면 지상건물을 제외하더라도 토지의 가격만 ○억 원이 넘는다고 말하고 있는데 등기부등본에 보면 당좌수표가 부도난 다음날에 ○억 ○,○○○만 원에 피고소인2에게 매매한 것으로 기재되어 있으나 실제로 매매를 하지 않고 고소인의 채무의 강제집행을 면탈할 목적으로 피고소인들이 짜고 허위로 양도한 것임을 충분히 알 수 있으므로 고소인은 피고소인들을 형법 제327조 강제집행면탈죄로 고소하기에 이른 것이오니 철저히 수사하여 법에 준엄함을 깨달을 수 있도록 엄벌에 처하여 주시기 바랍니다.

5.고소이유

(1) 고소인은 ○○○○. ○○. ○○.고소 외 ○○○을 통하여 피고소인1 으로부터 주식회사 ○○건설이 발행한 액면가 ○,○○○만 원권 당좌수표 1매를 교부받아 소지하던 중 이 당좌수표는 ○○○○. ○○. ○○.부도 처리되었습니다.

(2) 피고소인1은 자신의 소유인 광주시 ○○구 ○○로길 ○○, ○○○.○○㎡와 지상건물을 위 당사수표가 부도난 바로 그 다음날에 피고소인2에게 매매를 원인으로 하여 소유권이전등기를 경료함으로써 허위로 양도하여 소유권을 이전한 행위는 형법 제327조 강제집행면탈 죄가 성립합니다.

(3) 그러므로 피고소인1과 피고소인2 사이의 채무유무를 철저히 수사하면 강제집행면탈혐의로 처벌할 수 있습니다.

6.증거자료

□ 고소인은 고소인의 진술 외에 제출할 증거가 없습니다.
■ 고소인은 고소인의 진술 외에 제출할 증거가 있습니다.
　　☞ 제출할 증거의 세부내역은 별지를 작성하여 첨부합니다.

7.관련사건의 수사 및 재판여부

① 중복 고소여부	본 고소장과 같은 내용의 고소장을 다른 검찰청 또는 경찰서에 제출하거나 제출하였던 사실이 있습니다 □ / 없습니다 ■
② 관련 형사사건 수사유무	본 고소장에 기재된 범죄사실과 관련된 사건 또는 공범에 대하여 검찰청이나 경찰서에서 수사 중에 있습니다 □ / 수사 중에 있지 않습니다 ■
③ 관련 민사소송 유무	본 고소장에 기재된 범죄사실과 관련된 사건에 대하여 법원에서 민사소송 중에 있습니다 □ / 민사소송 중에 있지 않습니다 ■

8.기타

본 고소장에 기재한 내용은 고소인이 알고 있는 지식과 경험을 바탕으로 모두 사실대로 작성하였으며, 만일 허위사실을 고소하였을 때에는 형법 제156조 무고죄로 처벌받을 것임을 아울러 서약합니다.

○○○○ 년 ○○ 월 ○○ 일

위 고소인 : ○   ○   ○   (인)

광주시 ○○경찰서장 귀중

별지 : 증거자료 세부 목록

　　(범죄사실 입증을 위해 제출하려는 증거에 대하여 아래 각 증거별로 해
　　당 난을 구체적으로 작성해 주시기 바랍니다)

1. 인적증거

성 명	○ ○ ○	주민등록번호	생략		
주 소	광주시 ○○구 ○○로 ○○길 ○○○,			직업	회사원
전 화	(휴대폰) 010 - 3765 - 0000				
입증하려는 내 용	위 ○○○은 피고소인의 범행일체에 대하여 소상히 알고 있으므로 이를 입증하고자 합니다.				

2. 증거서류

순번	증 거	작성자	제출 유무	
1	당좌수표	고소인	■ 접수시 제출	□ 수사 중 제출
2	등기부등본	고소인	■ 접수시 제출	□ 수사 중 제출
3			□ 접수시 제출	□ 수사 중 제출
4			□ 접수시 제출	□ 수사 중 제출
5			□ 접수시 제출	□ 수사 중 제출

3. 증거물

순번	증 거	소유자	제출 유무	
1	당좌수표	고소인	■ 접수시 제출	□ 수사 중 제출
2			□ 접수시 제출	□ 수사 중 제출
3			□ 접수시 제출	□ 수사 중 제출
4			□ 접수시 제출	□ 수사 중 제출
5			□ 접수시 제출	□ 수사 중 제출

4. 기타증거

추후 필요에 따라 제출하겠습니다.

(7)고소장 – 강제집행면탈죄 변제기일 하루 전에 부동산을 다른 사람에게 허위 양도 처벌요구 고소장 최신서식

고　　　소　　　장

고　소　인 :　○　　　○　　　○

피　고　소　인 :　○　　○　　　○ 외1

전주시 덕진경찰서장 귀중

고 소 장

1.고소인

성 명	○ ○ ○	주민등록번호	생략
주 소	전주시 덕진구 ○○로 ○○, ○○○-○○○○호		
직 업	개인사업	사무실 주 소	생략
전 화	(휴대폰) 010 - 3378 - 0000		
대리인에 의한 고 소	□ 법정대리인 (성명 : , 연락처) □ 소송대리인 (성명 : 변호사, 연락처)		

2.피고소인1

성 명	○ ○ ○	주민등록번호	생략
주 소	전주시 ○○구 ○○로길○○, ○○○-○○○호		
직 업	무직	사무실 주 소	생략
전 화	(휴대폰) 010 - 8345 - 0000		
기타사항	고소인과 친인척관계 없습니다.		

피고소인2

성 명	○ ○ ○	주민등록번호	생략
주 소	전라북도 익산시 ○○로 ○○, ○○○-○○○호		
직 업	무직	사무실 주 소	생략
전 화	(휴대폰) 010 - 8812 - 0000		
기타사항	고소인과 친인척관계 없습니다.		

3. 고소취지

고소인은 피고소인들을 형법 제327조 강제집행면탈죄로 고소하오니 피고소인 들을 철저히 수사하여 법에 준엄함을 깨달을 수 있도록 엄벌에 처하여 주시기 바랍니다.

4. 범죄사실

(1) 적용법조

○ 형법 제327조 강제집행면탈 죄

강제집행을 면할 목적으로 재산을 은닉, 손괴, 허위양도 또는 허위의 채무 를 부담하여 채권자를 해한 자는 3년 이하의 징역 또는 1,000만 원 이하의 벌금에 처합니다.

(2) 강제집행의 대상

○ 고소인은 ○○○○. ○○. ○○. 피고소인1에게 금 ○○,○○○,○○○원을 빌려주고 ○○○○. ○○. ○○.에 변제받기로 하는 별지 첨부한 차용증을 작성하여 주어, 고소인이 소지하고 있습니다.

○ 고소인은 위 대여금의 변제기일이 지나도록 피고소인1이 변제하지 않고 차일피일 지체하고 있어 피고소인1의 개인 재산에 대하여 강제집행을 하 려고 재산을 파악하고 나섰습니다.

(3) 재산의 은닉 및 허위양도

○ 고소인이 피고소인1의 재산을 파악하던 중 피고소인1의 소유인 전주시 덕 진구 ○○로길 ○○, ○○○.○○㎡와 지상1층 단독주택건물을 위 대여금 의 지급기일인 ○○○○. ○○. ○○. 하루 전에 피고소인2에게 매매를 원 인으로 하여 소유권이전등기를 경료한 사실을 알게 되었습니다.

○ 고소인이 위 부동산에 대하여 부동산중개사 등을 통하여 알아본 바에 의 하면 지상건물을 제외하더라도 토지의 가격만 5억 원이 넘는다고 말하고

있는데 등기부등본에 보면 위 대여금의 지급기일 하루 전에 1억 원에 피고소인2에게 매매한 것으로 기재되어 있으나 실제로 매매를 하지 않고 고소인의 대여금 채무에 대한 강제집행을 면탈할 목적으로 피고소인들이 서로 짜고 허위로 양도한 것임을 충분히 알 수 있으므로 고소인은 피고소인들을 형법 제327조 강제집행면탈죄로 고소하기에 이른 것이오니 철저히 수사하여 법에 준엄함을 깨달을 수 있도록 피고소인들을 엄벌에 처하여 주시기 바랍니다.

5.고소이유

(1) 고소인은 피고소인1에게 ○○○○. ○○. ○○. 금 ○○,○○○,○○○원을 빌려주고 ○○○○. ○○. ○○.변제받기로 하였으나 피고소인1은 변제기일 하루 전에 피고소인2에게 시가에 비하여 터무니없는 가격으로 허위로 양도하여 소유권이전등기를 마쳤습니다.

(2) 피고소인1은 자신의 소유인 위 부동산을 고소인에 대한 위 대여금의 변제기일 하루 전에 피고소인2에게 매매를 원인으로 하여 소유권이전등기를 경료함으로써 허위로 양도하여 소유권을 이전한 행위는 형법 제327조 강제집행면탈 죄가 성립합니다.

(3) 그러므로 피고소인1과 피고소인2 사이의 채무유무를 철저히 수사하시면 강제집행면탈혐의로 처벌할 수 있습니다.

6.증거자료

□ 고소인은 고소인의 진술 외에 제출할 증거가 없습니다.
■ 고소인은 고소인의 진술 외에 제출할 증거가 있습니다.
☞ 제출할 증거의 세부내역은 별지를 작성하여 첨부합니다.

7.관련사건의 수사 및 재판여부

① 중복 고소여부	본 고소장과 같은 내용의 고소장을 다른 검찰청 또는 경찰서에 제출하거나 제출하였던 사실이 있습니다 □ / 없습니다 ■
② 관련 형사사건 수사유무	본 고소장에 기재된 범죄사실과 관련된 사건 또는 공범에 대하여 검찰청이나 경찰서에서 수사 중에 있습니다 □ / 수사 중에 있지 않습니다 ■
③ 관련 민사소송 유무	본 고소장에 기재된 범죄사실과 관련된 사건에 대하여 법원에서 민사소송 중에 있습니다 □ / 민사소송 중에 있지 않습니다 ■

8.기타

본 고소장에 기재한 내용은 고소인이 알고 있는 지식과 경험을 바탕으로 모두 사실대로 작성하였으며, 만일 허위사실을 고소하였을 때에는 형법 제156조 무고죄로 처벌받을 것임을 아울러 서약합니다.

○○○○ 년 ○○ 월 ○○ 일

위 고소인 : ○　○　○　　　(인)

전주시 ○○경찰서장 귀중

별지 : 증거자료 세부 목록

(범죄사실 입증을 위해 제출하려는 증거에 대하여 아래 각 증거별로 해당 난을 구체적으로 작성해 주시기 바랍니다)

1. 인적증거

성 명	○ ○ ○	주민등록번호	생략	
주 소	전주시 ○○구 ○○로 ○○길 ○○○,		직업	회사원
전 화	(휴대폰) 010 - 3765 - 0000			
입증하려는 내 용	위 ○○○은 피고소인의 범행일체에 대하여 소상히 알고 있으므로 이를 입증하고자 합니다.			

2. 증거서류

순번	증 거	작성자	제출 유무	
1	차용증	고소인	■ 접수시 제출	□ 수사 중 제출
2	등기부등본	고소인	■ 접수시 제출	□ 수사 중 제출
3			□ 접수시 제출	□ 수사 중 제출
4			□ 접수시 제출	□ 수사 중 제출
5			□ 접수시 제출	□ 수사 중 제출

3. 증거물

순번	증 거	소유자	제출 유무	
1	차용증	고소인	■ 접수시 제출	□ 수사 중 제출
2			□ 접수시 제출	□ 수사 중 제출
3			□ 접수시 제출	□ 수사 중 제출
4			□ 접수시 제출	□ 수사 중 제출
5			□ 접수시 제출	□ 수사 중 제출

4. 기타증거

추후 필요에 따라 제출하겠습니다.

(8)고소장 -강제집행면탈죄 공무상비밀표시무효죄 범행에 가담한 자를 모두
처벌을 요구하는 고소장 최신서식

고　　　소　　　장

고　소　인 : ○　　　○　　　○

피　고　소　인 : ○　　　○　　　○ 외3

강원도 춘천경찰서장 귀중

고 소 장

1.고소인

성 명	○ ○ ○	주민등록번호	생략
주 소	춘천시 ○○로 ○○, ○○○-○○○○호		
직 업	개인사업	사무실 주 소	생략
전 화	(휴대폰) 010 - 4579 - 0000		
대리인에 의한 고 소	☐ 법정대리인 (성명 : , 연락처) ☐ 소송대리인 (성명 : 변호사, 연락처)		

2.피고소인1

성 명	○ ○ ○	주민등록번호	생략
주 소	춘천시 ○○로길○○, ○○○-○○○호		
직 업	무직	사무실 주 소	생략
전 화	(휴대폰) 010 - 2223 - 0000		
기타사항	고소인과 친인척관계 없습니다.		

피고소인2

성 명	○ ○ ○	주민등록번호	생략
주 소	춘천시 ○○로 ○○, ○○○-○○○호		
직 업	무직	사무실 주 소	생략
전 화	(휴대폰) 010 - 2678 - 0000		
기타사항	고소인과 친인척관계 없습니다.		

피고소인3

성 명	○ ○ ○	주민등록번호	생략
주 소	춘천시 ○○로 ○○, ○○○-○○○호		
직 업	무직	사무실 주 소 생략	
전 화	(휴대폰) 010 - 4432 - 0000		
기타사항	고소인과 친인척관계 없습니다.		

피고소인4

성 명	○ ○ ○	주민등록번호	생략
주 소	춘천시 ○○로 ○○, ○○○-○○○호		
직 업	무직	사무실 주 소 생략	
전 화	(휴대폰) 010 - 9652 - 0000		
기타사항	고소인과 친인척관계 없습니다.		

3.고소취지

고소인은 피고소인들을 형법 제327조 강제집행면탈죄, 제140조 공무상비밀표시무효죄로 고소하오니 피고소인들을 철저히 수사하여 법에 준엄함을 깨달을 수 있도록 엄벌에 처하여 주시기 바랍니다.

4. 범죄사실

(1) 적용법조

○ 형법 제327조 강제집행면탈 죄

강제집행을 면할 목적으로 재산을 은닉, 손괴, 허위양도 또는 허위의 채무를 부담하여 채권자를 해한 자는 3년 이하의 징역 또는 1,000만 원 이하의 벌금에 처합니다.

○ 형법 제140조 공무상 비밀표시무효 죄

제1항 공무원이 그 직무에 관하여 실시한 봉인 또는 압류 기타 강제처분의 표시를 손상 또는 은닉하거나 기타 방법으로 그 효용을 해한 자는 5년 이하의 징역 또는 700만 원 이하의 벌금에 처합니다.

제2항 공무원이 그 직무에 관하여 봉함 기타 비밀장치한 문서 또는 도화를 개봉한 자도 제1항의 형과 같습니다.

제3항 공무원이 그 직무에 관하여 봉함 기타 비밀장치한 문서, 도화 또는 전자기록등 특수매체기록을 기술적 수단을 이용하여 그 내용을 알아낸 자도 제1항의 형과 같습니다.

(2) 당사자관계

○ 고소인은 위 주소지에 화분 등 식재기물류판매 영업장을 둔 개인사업자로서 피고소인1 ○○○(이하,'○○○'라고만 합니다.)는 위 사업을 경영하면서 알게 된 자로서 고소인에 대한 채무자 및 피고소인2 ○○○(이하, ○○○라고만 합니다.)의 고소인에 대한 채무의 연대보증인이고, ○○○는 ○○○의 첫째 사위로서 공증인가 법무법인 ○○의 금전소비대차계약 공정증서 ○○○○년 증제○○○○호 및 동 법인의 금전소비대차계약 공정증서 ○○○○년 증제○○○○호의 채무자이고, 피고소인3 ○○○(이하,'○○○'라고만 합니다.)는 ○○○ 의 첫째 딸이며 피고소인4 ○○○(이하,'○○○'이라고만 합니다.)은 ○○○의 둘째사위로서 이를 두 사람은 ○○○의 고소인에 대한 채무의 연대보증인입니다.

(3) 사실관계

가. 고소인과 ○○○와의 사이에 체결된 금전소비대차계약과 ○○○의 강제
집행면탈 및 공무상 봉인등표시무효죄 범죄사실

○ 고소인은 ○○○○. ○○. ○○.에 ○○○에게 금 ○○,○○○,○○○원을
○개월간 월 ○%의 이자로 대여하였으나(보증인은 ○○○, ○○○)(증제
○호의○) 피고소인이 이를 변제하지 못하였고, 그 후 재차 ○○,○○○,○
○○원을 대여하였으나 그 역시 변제하지 못하므로, ○○○○. ○○. ○○.
에 그 중 ○○,○○○,○○○원은 ○○○○. ○○. ○○.까지 또 다른 ○○,
○○○,○○○원은 ○○○○. ○○. ○○.까지 각각 변제하기로 하는 채무
상환연기 계약을 체결하였습니다.(증제○호의○)

○ 그러나 ○○○이 고소인과의 함께 작성한 위 공정증서 상의 채무 중 ○○,
○○○,○○○원을 이행하지 못하므로 이에 고소인은 위 공정증서 강제집
행조항에 기하여 피고소인의 강원도 춘천시 ○○로 ○○, 사업장내의 기물
과 화훼 등에 압류를 신청하여 ○○○○. ○○. ○○.이를 집행하기에 이르
렀습니다.(증제○호)

○ 하지만 그 물건의 가격이 채권추심 액에 턱없이 부족하므로 고소인은 ○
○○, ○○○에 대하여 ○○○○. ○○. ○○.재산명시신청[춘천지방법원
○○○○카명○○○○호]을 하였고, ○○○은 0○○○○. ○○. ○○.자동
차, 부동산, 임차권, 국민주택부금이 있음을 명시하였으나(증제○호), 이를
믿을 수 없었던 고소인은춘천지방법원에 재산조회명령을 신청한 바 ○○
○○. ○○. ○○.재산조회 회보서에서 ○○○이 당초 재산명시목록에서 고
의로 누락시킨 ○○축협 ○○지점에 농협운전자안심공제 ○,○○○,○○○
원을 은닉하고 있었음이 밝혀졌습니다.(증제○호)

○ 한편, ○○○ 소유의 자동차는 고소인이 춘천지방법원에 재산명시신청을
한 이후인 ○○○○. ○○. ○○.동생 ○○○에게 명의이전등록을 하여 놓
았고(증제○호), ○○○○. ○○. ○○.재산조회 회보서(증제○호)에 기재된
○○○ 소유의 부동산인 ○○ ○○군 ○○면 ○○로 ○○○,에는 이미 다
른 채권자들이 그 부동산의 가치이상의 금액(공시지가 총액 : ○○,○○○,
○○○원, 채권최고액 : ○○,○○○,○○○원)으로 근저당권을 설정해 놓

은 상태였으며(증제○호증의○, 증제○호증의○), 임차권은 ○○○과 위장 이혼 한 전처 고소 외 ○○○의 명의로 사업자등록 변경을 하였습니다.

○ 또한 고소인은 ○○○○. ○○. ○○.춘천지방법원의 ○○○○타채○○○○ 호 채권압류 및 추심명령 결정을 받았고 ○○○○. ○○. ○○.결정을 ○○ ○에게 발송되었는바, ○○○은 ○○○○. ○○. ○○.자신의 재산명시 목 록에 있었던 국민은행통장 예금 ○○,○○○,○○○원)의 금원을 사전에 빼돌려서 소비하여 버린 것입니다.(증제○○호)

○ 게다가, ○○○○년도에 ○○○와 당시 처인 ○○○와 함께 ○○도 ○○시 ○○읍 ○○로에서 하루 매출 ○○○만원~○○○만원의 수입을 올리던 식 당을 권리금 ○억원의 웃돈을 받고 처분했으며(증제○○호), 이어서 건물 ○층의 레스토랑을 운영하다가 권리금 ○○,○○○,○○○원의 웃돈을 받 고 처분하였습니다.(증제○○호)

○ 그리고 그 이듬해인 ○○○○년도에 ○○○는 당시 처인 ○○○와 함께 ○○도 ○○에 식당을 운영하다가 권리금 ○○,○○○,○○○원의 웃돈을 받고 처분하였고(증제○○호), 이어서 ○○도 ○○시 ○○읍 ○○로에서 운영하던 감자탕 설렁탕집을 권리금 ○○,○○○,○○○원의 웃돈을 받고 처분하였습니다.(증제○○호)

○ 그리고 ○○○년 현재 ○○○은 채무불이행에 대한 강제집행을 회피하기 위하여 사업자등록증의 대표자 명의를 ○○○의 명의로 바꾸어서 ○○도 ○○에서 식당을 운영 중에 있습니다.(증제○○호)

○ 하지만 ○○○은 고소인에 대한 채무는 단 ○원도 변제하지 않고 그 모든 처분금을 다른 곳으로 빼돌려 소비해 버린 것입니다.

○ 고소인이 ○○○에 대한 승소확정판결문으로 피고소인의 ○○도 ○○시 ○○읍 ○○로 ○○, 사업장내의 기물과 화훼 등에 압류를 신청하여 ○○ ○○. ○○. ○○.이를 집행하기에 이르렀으나, ○○○은 강제처분의 표시 를 손상, 은닉 기타 방법으로 그 효력 무력화시켰습니다.(증제○○호의○ 내지 ○)

○ 따라서, ○○○은 이상과 같이 강제집행면탈죄, 공무상봉인등표시무효죄를 저질렀음이 명백하므로 이를 조속한 시일 내에 조사하시어 엄히 처단하여 주시기 바랍니다.

나. ○○○, ○○○, ○○○의 강제집행면탈죄

○ ○○○는 ○○○○. ○○. ○○.재산조회회보서에서 보는 바와 같이 ○○군 ○○농협에 이나 파튼튼공제 ○,○○○,○○○원 및 자립예탁금 ○,○○○, ○○○원 도합 ○○,○○○,○○○원이 예치되어 있음에도 불구하고, 본인의 고소인에 대한 채무에 대한 강제집행을 면탈하기 위하여 허위로 재산목록을 제출하여 재산을 은닉하여 채권자인 고소인에게 재산의 발견을 불가능하게 하거나 곤란하게 만들었음이 명백하므로 이는 형법 제327조 강제집행면탈죄에 해당한다 할 것입니다.(증제○○호,증제○○호)

○ 이상에서 열거한 바와 같이 ○○○, ○○○, ○○○는 처음부터 채무변제의 의사가 없으면서도 고소인에게 접근하여 계획적으로 자금을 차용하여 여러 가지 편법과 온갖 핑계를 동원하면서 채무변제를 기피하는 악질적인 채무자 및 연대보증인으로서 사기죄의 범죄구성요건사실을 충족하고 있고, 고의적인 채무변제기피를 통하여 재산상이익을 취하면서도 결국 강제집행을 면탈하기 까지 한 파렴치한 범죄자 집단이므로 이들을 법에 따라 엄히 처단하여 주시기를 간청하는 바입니다.

(4) 결론

위와 같이 고소인으로부터 채무불이행에 따른 판결, 공정증서 등 채무명의에 기한 강제집행을 당할 것을 예상한 ○○○, ○○○, ○○○, ○○○ 등은 사기행각을 벌이면서 민사소송에서 승소판결을 얻은 고소인의 강제집행을 불능케 하고 있으며 춘천지방법원 소속 집행관이 강제집행한 재산에 붙어있는 압류등표시를 무효화하였으므로 피고소인들을 신속히 조사하시어 피고소인들의 간악한 불법행위를 엄히 처벌하여 주시기 바랍니다.

5.증거자료

□ 고소인은 고소인의 진술 외에 제출할 증거가 없습니다.
■ 고소인은 고소인의 진술 외에 제출할 증거가 있습니다.
　　☞ 제출할 증거의 세부내역은 별지를 작성하여 첨부합니다.

6.관련사건의 수사 및 재판여부

① 중복 고소여부	본 고소장과 같은 내용의 고소장을 다른 검찰청 또는 경찰서에 제출하거나 제출하였던 사실이 있습니다 □ / 없습니다 ■
② 관련 형사사건 수사유무	본 고소장에 기재된 범죄사실과 관련된 사건 또는 공범에 대하여 검찰청이나 경찰서에서 수사 중에 있습니다 □ / 수사 중에 있지 않습니다 ■
③ 관련 민사소송 유무	본 고소장에 기재된 범죄사실과 관련된 사건에 대하여 법원에서 민사소송 중에 있습니다 □ / 민사소송 중에 있지 않습니다 ■

8.기 타

본 고소장에 기재한 내용은 고소인이 알고 있는 지식과 경험을 바탕으로 모두 사실대로 작성하였으며, 만일 허위사실을 고소하였을 때에는 형법 제156조 무고죄로 처벌받을 것임을 아울러 서약합니다.

○○○○ 년 ○○ 월 ○○ 일

위 고소인 : ○ ○ ○   (인)

강원도 춘천경찰서장 귀중

별지 : 증거자료 세부 목록

(범죄사실 입증을 위해 제출하려는 증거에 대하여 아래 각 증거별로 해당 난을 구체적으로 작성해 주시기 바랍니다)

1. 인적증거

성 명	○ ○ ○	주민등록번호	생략		
주 소	춘천시 ○○로 ○○길 ○○○,			직업	회사원
전 화	(휴대폰) 010 - 1345 - 0000				
입증하려는 내 용	위 ○○○은 피고소인의 범행일체에 대하여 소상히 알고 있으므로 이를 입증하고자 합니다.				

2. 증거서류

순번	증 거	작성자	제출 유무	
1	공정증서 등	고소인	■ 접수시 제출	□ 수사 중 제출
2	관련자료	고소인	■ 접수시 제출	□ 수사 중 제출
3			□ 접수시 제출	□ 수사 중 제출
4			□ 접수시 제출	□ 수사 중 제출
5			□ 접수시 제출	□ 수사 중 제출

3. 증거물

순번	증 거	소유자	제출 유무	
1	공증정서 등	고소인	■ 접수시 제출	□ 수사 중 제출
2			□ 접수시 제출	□ 수사 중 제출
3			□ 접수시 제출	□ 수사 중 제출
4			□ 접수시 제출	□ 수사 중 제출
5			□ 접수시 제출	□ 수사 중 제출

4. 기타증거

추후 필요에 따라 제출하겠습니다.

고　　소　　장

고 소 인 : ○　　○　　○

피 고 소 인 : ○　　○　　○

충청남도 ○○경찰서장 귀중

고　　소　　장

1.고소인

성　　명	○ ○ ○	주민등록번호	생략
주　　소	충청남도 천안시 ○○로 ○○, ○○○-○○○○호		
직　　업	개인사업	사무실 주　소	생략
전　　화	(휴대폰) 010 - 8714 - 0000		
대리인에 의한 고　　소	☐ 법정대리인 (성명 :　　, 　　　연락처　　　　) ☐ 소송대리인 (성명 : 변호사, 　연락처　　　　)		

2.피고소인

성　　명	○ ○ ○	주민등록번호	생략
주　　소	충청남도 천안시 ○○로길○○, ○○○-○○○호		
직　　업	무직	사무실 주　소	생략
전　　화	(휴대폰) 010 - 7123 - 0000		
기타사항	고소인과 친인척관계 없습니다.		

3.고소취지

　　고소인은 피고소인을 형법 제327조 강제집행면탈죄로 고소하오니 피고소인을 철저히 수사하여 법에 준엄함을 깨달을 수 있도록 엄벌에 처하여 주시기 바랍니다.

4.범죄사실

(1) 적용법조

○ 형법 제327조 강제집행면탈 죄

강제집행을 면할 목적으로 재산을 은닉, 손괴, 허위양도 또는 허위의 채무를 부담하여 채권자를 해한 자는 3년 이하의 징역 또는 1,000만 원 이하의 벌금에 처합니다.

(2) 사실관계

○ 피고소인은 건축업을 하면서 지급할 능력이 없음에도 거액의 약속어음을 고소인에게 남발하였는데 고소인에게 교부한 위 약속어음의 지급기일이 도래하자 고소인이 피고소인의 재산에 압류 및 강제집행 할 것을 우려한 나머지 피고소인의 소유재산인 건축업회사를 허위로 양도하는 등 고소인의 강제집행을 면할 것을 기도하고 건축업회사 대표이사 ○○○과 공모하여 ○○○○. ○○. ○○.위 회사의 주식 11,000주를 금 110,000,000원으로 평가하고 그 중 7,000주를 대금 4,000만원에 매도하였음에도 불구하고 주식의 전체를 건축업회사의 대표이사 ○○○에게 매도한 것으로 서류를 만들고 내용으로는 전 주식의 70%만 대표이사 ○○○에게 양도하는 것으로 피고소인이 비밀 합의서를 별도로 만든 다음 그 일체의 필요한 서류를 교부했습니다.

○ 그 후 ○○○○. ○○. ○○. 천안시 ○○구 ○○로길 ○○, 소재의 위 회사의 사무실에서 피고소인은 동 회사의 주식 11,000주를 ○○○에게 양도하였다는 이사회를 개최하고 만장일치로 승낙한 것처럼 의사회 회의록도 만들었고, 11,000주를 ○○○에게 완전히 배서하여 줌으로써 동 주식 30%에 해당하는 금 3,000만원 상당을 강제집행 불능케 하여 이를 면탈한 것은 형법 제327조 강제집행면탈죄에 해당하므로 이에 피고소인을 고소하오니 조사하여 엄벌에 처하여 주시 기 바랍니다.

5.증거자료

□ 고소인은 고소인의 진술 외에 제출할 증거가 없습니다.

■ 고소인은 고소인의 진술 외에 제출할 증거가 있습니다.

  ☞ 제출할 증거의 세부내역은 별지를 작성하여 첨부합니다.

6.관련사건의 수사 및 재판여부

① 중복 고소여부	본 고소장과 같은 내용의 고소장을 다른 검찰청 또는 경찰서에 제출하거나 제출하였던 사실이 있습니다 □ / 없습니다 ■
② 관련 형사사건 수사유무	본 고소장에 기재된 범죄사실과 관련된 사건 또는 공범에 대하여 검찰청이나 경찰서에서 수사 중에 있습니다 □ / 수사 중에 있지 않습니다 ■
③ 관련 민사소송 유무	본 고소장에 기재된 범죄사실과 관련된 사건에 대하여 법원에서 민사소송 중에 있습니다 □ / 민사소송 중에 있지 않습니다 ■

7.기타

본 고소장에 기재한 내용은 고소인이 알고 있는 지식과 경험을 바탕으로 모두 사실대로 작성하였으며, 만일 허위사실을 고소하였을 때에는 형법 제156조 무고죄로 처벌받을 것임을 아울러 서약합니다.

○○○○ 년 ○○ 월 ○○ 일

위 고소인 : ○　○　○　　　(인)

충청남도 ○○경찰서장 귀중

별지 : 증거자료 세부 목록

　　(범죄사실 입증을 위해 제출하려는 증거에 대하여 아래 각 증거별로 해
　　당 난을 구체적으로 작성해 주시기 바랍니다)

1. 인적증거

성 명	○ ○ ○	주민등록번호		생략
주 소	천안시 ○○구 ○○로 ○○길 ○○○,		직업	회사원
전 화	(휴대폰) 010 - 9876 - 0000			
입증하려는 내 용	위 ○○○은 피고소인의 범행일체에 대하여 소상히 알고 있으므로 이를 입증하고자 합니다.			

2. 증거서류

순번	증 거	작성자	제출 유무	
1	약속어음	고소인	■ 접수시 제출	□ 수사 중 제출
2	주주변동사항	고소인	■ 접수시 제출	□ 수사 중 제출
3			□ 접수시 제출	□ 수사 중 제출
4			□ 접수시 제출	□ 수사 중 제출
5			□ 접수시 제출	□ 수사 중 제출

3. 증거물

순번	증 거	소유자	제출 유무	
1	약속어음	고소인	■ 접수시 제출	□ 수사 중 제출
2			□ 접수시 제출	□ 수사 중 제출
3			□ 접수시 제출	□ 수사 중 제출
4			□ 접수시 제출	□ 수사 중 제출
5			□ 접수시 제출	□ 수사 중 제출

4. 기타증거

추후 필요에 따라 제출하겠습니다.

고 　 소 　 장

고 　 소 　 인 : ○ 　 　 ○ 　 　 ○

피 　 고 소 인 : ○ 　 　 ○ 　 　 ○

경상남도 밀양경찰서장 귀중

고 　 소 　 장

1.고소인

성　　명	○　○　○	주민등록번호	생략
주　　소	경상남도 밀양시 ○○로 ○○, ○○○-○○○○호		
직　　업	개인사업	사무실 주　소	생략
전　　화	(휴대폰) 010 - 8714 - 0000		
대리인에 의한 고　　소	☐ 법정대리인 (성명 :　　,　　　연락처　　　　) ☐ 소송대리인 (성명 : 변호사,　　연락처　　　　)		

2.피고소인

성　　명	○　○　○	주민등록번호	생략
주　　소	경상남도 밀양시 ○○로길○○, ○○○-○○○호		
직　　업	무직	사무실 주　소	생략
전　　화	(휴대폰) 010 - 7123 - 0000		
기타사항	고소인과 친인척관계 없습니다.		

3.고소취지

　　고소인은 피고소인을 형법 제327조 강제집행면탈죄로 고소하오니 피고소인을 철저히 수사하여 법에 준엄함을 깨달을 수 있도록 엄벌에 처하여 주시기 바랍니다.

4.범죄사실

(1) 적용법조

○ 형법 제327조 강제집행면탈 죄

강제집행을 면할 목적으로 재산을 은닉, 손괴, 허위양도 또는 허위의 채무
를 부담하여 채권자를 해한 자는 3년 이하의 징역 또는 1,000만 원 이하의
벌금에 처합니다.

(2) 사실관계

○ 고소인은 경상남도 밀양시 ○○로길 ○○, 소재에 식료품제조공장을 ○○
○○. ○○. ○○.부터 건립하기 시작하여 ○○○○. ○○. ○○.공사를 완
료하여 준공검사를 받았습니다.

○ 위 공장의 소유권자는 최초 명의상만, ○○○으로 되어 있다가 ○○○이
신용불량자여서 대출을 받기 어려워 그의 형 ○○○으로 소유권자가 변경
되었다가 다시 고소 외 ○○건설이 처분금지가처분을 신청하였고, ○○새
마을금고에서 경매를 신청하는 등 운영상의 어려움을 겪는 차에 경매문제
를 해결하기 위하여 다시 고소 외 ○○○의 명의로 변경한바, ○○○이 위
공장을 담보로 농협에서 대출을 ○억원 받아서 ○억 원은 ○○새마을금고
에 대출금을 상환하고, ○○,○○○,○○○원은 ○○건설에 공사금을 변제
하고, ○○건설이 한 가처분 및 근저당권을 말소한 후, 나머지 ○억 ○,○
○○만원으로 공장을 정상가동하기로 하고 ○○○과 약속을 한 다음, 이를
믿고 있던 피고소인은 고소인을 배신하고 ○억 원을 ○○은행으로 근저당
권설정등기를 하여 피해를 입히고, ○○은행에 대한 대출금 ○억 원 때문
에 위 공장에 대하여 다시 ○○은행으로부터 압류를 당하게 하였습니다.

○ 한편, 위 대출금 ○억 원을 빌려준 ○○농협에서 경매를 신청하여 결국 위
공장 및 대지 모두 주식회사 ○○○으로 경락되게 된 것입니다.

○ 고소인은 기초공사를 하였고, ○○○은 장비대여를 하는 등, 위 공장 건립
에 대하여 공사대금을 청구할 권리가 있었습니다.

○ 따라서 고소인은 위 경매일시인 ○○○○. ○○. ○○.이전인 ○○○○. ○

○. ○○.위 고소인에 대한 공사대금청구채권 금 ○○○,○○○,○○○원에 대하여 유치권을 설정하였습니다.

○ 그런데 피고소인은 ○○○○. ○○. ○○. 14:00경 그의 직원을 시켜서 위 유치권 대상인 에어컨 6대, 냉장고 3대, 생산된 자재 50대, 사무집기 고가품, 컴퓨터 16대, 합계 ○억 원 상당의 물건을 임의대로 반출하여, 공장 밖 마당에 천막을 치고 보관하여 위 물건 등의 효용을 해하는 행위를 하였습니다.

○ 피고소인의 이러한 행위는 피고소인들의 유치권에 기한 강제집행을 면할 목적으로 위 물건 등의 재산을 일부 은닉, 손괴한 것으로서, 고소인의 권리를 해친 것으로 밖에 볼 수 없습니다.

○ 따라서 위 피고소인의 행위는 형법 제327조 강제집행면탈죄가 인정된다고 사료되오나 법에 의하여 엄벌에 처해 주시기 바랍니다.

5.증거자료

□ 고소인은 고소인의 진술 외에 제출할 증거가 없습니다.

■ 고소인은 고소인의 진술 외에 제출할 증거가 있습니다.

☞ 제출할 증거의 세부내역은 별지를 작성하여 첨부합니다.

6.관련사건의 수사 및 재판여부

① 중복 고소여부	본 고소장과 같은 내용의 고소장을 다른 검찰청 또는 경찰서에 제출하거나 제출하였던 사실이 있습니다 □ / 없습니다 ■
② 관련 형사사건 수사유무	본 고소장에 기재된 범죄사실과 관련된 사건 또는 공범에 대하여 검찰청이나 경찰서에서 수사 중에 있습니다 □ / 수사 중에 있지 않습니다 ■
③ 관련 민사소송 유무	본 고소장에 기재된 범죄사실과 관련된 사건에 대하여 법원에서 민사소송 중에 있습니다 □ / 민사소송 중에 있지 않습니다 ■

7.기타

본 고소장에 기재한 내용은 고소인이 알고 있는 지식과 경험을 바탕으로 모두 사실대로 작성하였으며, 만일 허위사실을 고소하였을 때에는 형법 제156조 무고죄로 처벌받을 것임을 아울러 서약합니다.

○○○○ 년 ○○ 월 ○○ 일

위 고소인 : ○   ○   ○   (인)

경상남도 밀양경찰서장 귀중

별지 : 증거자료 세부 목록

(범죄사실 입증을 위해 제출하려는 증거에 대하여 아래 각 증거별로 해당 난을 구체적으로 작성해 주시기 바랍니다)

1. 인적증거

성 명	○ ○ ○	주민등록번호	생략		
주 소	밀양시 ○○로길 ○○○,			직업	회사원
전 화	(휴대폰) 010 - 9876 - 0000				
입증하려는 내 용	위 ○○○은 피고소인의 범행일체에 대하여 소상히 알고 있으므로 이를 입증하고자 합니다.				

2. 증거서류

순번	증 거	작성자	제출 유무
1	유치권설정	고소인	■ 접수시 제출 □ 수사 중 제출
2	현황사진	고소인	■ 접수시 제출 □ 수사 중 제출
3			□ 접수시 제출 □ 수사 중 제출
4			□ 접수시 제출 □ 수사 중 제출
5			□ 접수시 제출 □ 수사 중 제출

3. 증거물

순번	증 거	소유자	제출 유무
1	유치권설정	고소인	■ 접수시 제출 □ 수사 중 제출
2			□ 접수시 제출 □ 수사 중 제출
3			□ 접수시 제출 □ 수사 중 제출
4			□ 접수시 제출 □ 수사 중 제출
5			□ 접수시 제출 □ 수사 중 제출

4. 기타증거

추후 필요에 따라 제출하겠습니다.

제11장 강제집행면탈죄 관련 판례

(1)판례 - 채무자에게 다른 재산이 있는 경우 강제집행면탈죄는 성립하지 않는다는 판례

대법원 2011. 9. 8. 선고 2011도5165 판결 [강제집행면탈][공2011하,2178]

【판시사항】

[1] 채권의 존재'가 강제집행면탈죄의 성립요건인지 여부(적극) 및 채권이 존재하는 경우에도 채무자에게 채권자의 집행을 확보하기에 충분한 다른 재산이 있었다면, 채권자를 해하였거나 해할 우려가 있다고 단정할 수 있는지 여부(소극)

[2] 피고인이 자신을 상대로 사실혼관계해소 청구소송을 제기한 갑에 대한 채무를 면탈하려고 피고인 명의 아파트를 담보로 대출을 받아 그 중 대부분을 타인 명의 계좌로 입금하여 은닉하였다고 하여 강제집행면탈죄로 기소된 사안에서, 갑의 위자료채권액을 훨씬 상회하는 다른 재산이 있었던 이상 강제집행면탈죄는 성립하지 않는다고 보아야 하는데도, 피고인에게 유죄를 인정한 원심판단에 법리오해의 위법이 있다고 한 사례

【판결요지】

[1] 형법 제327조의 강제집행면탈죄는 채권자의 정당한 권리행사 보호 외에 강제집행의 기능보호도 법익으로 하는 것이나, 현행 형법상 강제집행면탈죄가 개인적 법익에 관한 재산범의 일종으로 규정되어 있는 점과 채권자를 해하는 것을 구성요건으로 규정하고 있는 점 등에 비추어 보면 주된 법익은 채권자의 권리보호에 있다고 해석하는 것이 타당하므로, 강제집행의 기본이 되는 채권자의 권리, 즉 채권의 존재는 강제집행면탈죄의 성립요건으로서 채권의 존재가 인정되지 않을 때에는 강제집행면탈죄는 성립하지 않는다. 그리고 채권이 존재하는 경우에도 채무자의 재산은닉 등 행위 시를 기준으로 채무자에게 채권자의 집행을 확보하기에 충분한 다른 재산이 있었다면 채권자를 해하였거나 해할 우려가 있다고 쉽사리 단정할 것이 아니다.

[2] 피고인이 자신을 상대로 사실혼관계해소 청구소송을 제기한 갑에 대한 채무를 면탈하려고 피고인 명의 아파트를 담보로 10억 원을 대출받아 그 중 8억 원을 타인 명의 계좌로 입금하여 은닉하였다고 하여 강제집행면탈죄로 기소된 사안에서, 피고인의 재산은닉 행위 당시 갑의 재산분할청구권은 존재하였다고 보기 어렵고, 가사사건 제1심판결에 근거하여 위자료 4,000만 원의 채권이 존재한다는 사실이 증명되었다고 볼 여지가 있었을 뿐이므로, 피고인에게 위자료채권액을 훨씬 상회하는 다른 재산이 있었던 이상 강제집행면탈죄는 성립하지 않는다고 보아야 하는데도, 이와 달리 피고인에게 유죄를 인정한 원심판단에 강제집행면탈죄의 성립요건인 채권의 존재 및 강제집행면탈 행위에 관한 법리오해의 위법이 있다고 한 사례.

【주문】

원심판결을 파기하고, 사건을 서울중앙지방법원 합의부에 환송한다.

【이유】

상고이유를 판단한다.

원심판결 이유에 의하면 원심은, 그 채택 증거에 의하여 피고인과 피해자 공소외 1은 2002. 9. 7.부터 사실혼관계를 유지하여 오다가 피고인이 2009. 9. 9. 피해자와 다툼 끝에 집을 나간 이후 사실혼관계 해소와 재산분할 등을 논의한 사실, 피해자는 2009. 9. 20.경 피고인에게 '소송을 할 것이다'라고 말하고 2009. 9. 25. 수원지방법원 성남지원에 이 사건 아파트 등에 관하여 재산분할을 원인으로 한 소유권이전등기청구권을 피보전권리로 하여 처분금지가처분신청을 하여 2009. 9. 30. 위 법원으로부터 처분금지가처분결정을 받은 사실, 그러나 피고인은 이미 2009. 9. 28. 이 사건 아파트를 담보로 합계 10억 원을 대출받은 후 그 중 2억 원을 기존 대출금 상환에 사용하고 나머지 8억 원을 이름을 알 수 없는 사람 명의의 계좌로 입금한 후 회사자금 및 전세보증금 등으로 사용한 사실, 피고인 스스로도 타인 명의의 계좌로 위 돈을 입금한 이유가 피해자의 강제집행을 피하기 위함이었다고 진술한 사실을 인정한 다음, 이에 더하여 위 증거들에서 알 수 있는 다음과 같은 사정, 즉 2009. 9. 28.경 피고인의 적극재산으로는 시가 24억 원 상당의 이 사건 아파트와 시가 2억 원 상당의 서울 송파구 소재 문정동 빌라, 시가 20억 원 상당의 경기 양평군 임야가 있었으나, 양평군 임야는 피고인이 사실혼관계 형성 전부터 보유한 고유재산으로서 피해자가 요구하는 재산분할청구의 대상이 되지 아니하였던 점, 이 사건 아파트에 대하여는 2억 원 상당의 근저당권이 설정되어 있고 임차인 공소외 2에게 반환해야 할 임대차보증금 5억 원이 있으며, 문정동 빌라에 대하여는 4,320만 원 상당의 근저당권이 설정되어 있고 임차인 공소외 3에게 반환하여야 할 임대차보증금 4,500만 원이 있었던 점, 피해자가 피고인을 상대로 하여 제기한 수원지방법원 성남지원 2009드합515호 사실혼관계해소 청구소송에서 피해자의 재산분할청구는 기각되었으나 '피고인은 피해자에게 위자료 4,000만 원 및 이에 대한 지연손해금을 지급하라'는 취지의 판결이 선고되었으므로 피해자가 피고인에 대하여 채권을 갖고 있지 않다고 단정할 수 없는 점 등을 고려하면, 피고인이 비록 피해자의 채권 상당액을 넘는 재산을 보유하고 있었다고 하더라도 피해자의 재산분할청구 등이 임박하여 이 사건 아파트를 담보로 대출받은 10억 원 중 8억 원을 타인 명의로 입금하여 은닉한 행위는 채권자인 피해자를 해할 우려가 없는 행위라고 할 수 없다고 판단하였다.

그러나 원심의 위와 같은 판단은 다음과 같은 이유로 수긍하기 어렵다.

형법 제327조의 강제집행면탈죄는 채권자의 정당한 권리행사 보호 외에 강제집행의 기능보호도 그 법익으로 하는 것이나, 현행 형법상 강제집행면탈죄가 개인적 법익에 관한 재산범의 일종으로 규정되어 있는 점과 채권자를 해하는 것을 그 구성요건으로 규정하고 있는 점 등에 비추어 보면 그 주된 법익은 채권자의 권리보호에 있다고 해석함이 상당하므로, 강제집행의 기본이 되는 채권자의 권리, 즉 채권의 존재는 강제집행면탈죄의 성립요건으로서 그 채권의 존재가 인정되지 않을 때에는 강제집행면탈죄는 성립하지 않는다.(대법원 1982. 10. 26. 선고 82도2157 판결, 대법원 2008. 5. 8. 선고 2008도198 판결 등 참조). 그리고 채권이 존재하는 경우에도 채무자의 재산은닉 등 행위 시를 기준으로 채무자에게 채권자의 집행을 확보하기에 충분한 다른 재산이 있었다면 채권자를 해하였거나 해할 우려가 있다고 쉽사리 단정할 것이 아니다.

그런데 제1심이 적법하게 조사하여 채택한 증거에 의하면, 피해자가 피고인을 상대로 하여 제기한 수원지방법원 성남지원 2009드합515(본소), 2010드합467(반소) 소송에서 피해자는 3억 원의 위자료, 10억 원의 재산분할 및 이 사건 아파트와 서울 송파구 소재 문정동 빌라에 관한 소유권이전등기절차의 이행을 구하였고, 위 법원은 2010. 9. 15. 피해자의 재산분할청구는 기각하면서 피해자의 위자료청구 중 4,000만 원 및 이에 대한 지연손해금 부분을 인용하는 판결을 선고한 사실[한편 기록에 의하면, 위 판결에 대하여 피고인과 피해자 모두 항소를 제기하여 서울고등법원 2010르2428(본소), 2010르2435(반소)로 항소심 재판이 진행 중이던 2011. 6. 2. 피고인과 피해자 명의의 재산은 각자의 소유로 분할하되, 피해자 명의의 서울 강남구 (주소 생략)에 관하여 설정된 채무자 공소외 4 주식회사, 채권최고액 13억 원으로 된 근저당권의 실제 채무액 10억 원 중 피고인이 8억 원, 피해자가 2억 원을 각기 실질적으로 부담하고, 피해자의 위자료채권은 포기하는 등의 내용으로 조정이 성립되었음을 알 수 있다], 2009. 9. 28. 기준으로 피고인의 적극재산에서 피해자가 위 우성아파트를 담보로 대출받은 피고인 운영의 공소외 4 주식회사 명의의 대출금채무와 이 부분 공소사실 기재와 같이 피고인이 강제집행을 면탈하기 위하여 대출받아 은닉하였다는 8억 원까지 포함시켜 소극재산을 공제하더라도 피고인에게 14억 원이 넘는 재산이 있었던 사실을 알 수 있다.

이러한 사실관계에 의하면, 피고인의 이 사건 재산은닉 행위 당시 피해자의 재산분할청구권은 존재하였다고 보기 어렵고, 가사사건 제1심판결에 근거하여 위자료 4,000만 원의 채권이 존재한다는 사실이 입증되었다고 볼 여지가 있을 뿐이다.

따라서 앞서 본 법리에 비추어 피고인이 피해자에 대한 채무를 면탈하려고 이 사건 아파트를 담보로 10억 원을 대출받아 그 중 8억 원을 타인 명의로 입금하여 은닉하였다고 하더라도, 이와 같이 재산분할청구권의 존재가 인정되지 아니하고 피고인에게 피해자의 위자료채권액을 훨씬 상회하는 다른 재산이 있었던 이상, 강제집행면탈죄는 성립하지 않는 것으로 봄이 상당하다.

그럼에도 불구하고 원심이 그 판시와 같은 이유만으로 이 부분 공소사실을 유죄로 판단한 것은 강제집행면탈죄의 성립요건인 채권의 존재 및 강제집행면탈 행위에 관한 법리를 오해함으로써 판결 결과에 영향을 미친 위법이 있다.

그러므로 나머지 상고이유에 대한 판단을 생략한 채 원심판결을 파기하고(이 부분 공소사실에 파기사유가 있어 이와 단일죄의 관계에 있는 원심의 이유무죄 부분까지 함께 파기하기로 한다), 사건을 다시 심리·판단하게 하기 위하여 원심법원에 환송하기로 하여 관여 대법관의 일치된 의견으로 주문과 같이 판결한다.

(2)판례 - 채권의 존재가 인정되지 아니하여 강제집행면탈죄가 성립하지 않는다는 판례

대법원 2012. 8. 30. 선고 2011도2252 판결 [여신전문금융업법위반·강제집행면탈][공2012하,1636]

【판시사항】

[1] 강제집행채권자의 채권의 존재가 인정되지 않는 경우 강제집행면탈죄가 성립하는지 여부(소극) 및 상계로 인하여 소멸하게 되는 채권의 경우 상계의 효력 발생 이후 강제집행면탈죄가 성립하는지 여부(소극)

[2] 피고인이 처 갑 명의로 임차하여 운영하는 주유소의 주유대금 신용카드 결제를, 별도로 운영하는 다른 주유소의 신용카드 결제 단말기로 처리함으로써 갑 명의 주유소의 매출채권을 다른 주유소의 매출채권으로 바꾸는 수법으로 은닉하여 갑에 대하여 연체차임 등 채권이 있어 갑 명의 주유소의 매출채권을 가압류한 을 주식회사의 강제집행을 면탈하였다는 내용으로 기소된 사안에서, 갑이 임대차보증금 반환채권으로 이를 상계한다는 의사표시를 하였으므로 피고인의 행위 당시 을 회사 채권의 존재가 인정되지 아니하여 강제집행면탈죄가 성립하지 않는다고 본 원심판단을 정당하다고 한 사례

【판결요지】

[1] 형법 제327조의 강제집행면탈죄는 채권자의 권리보호를 주된 보호법익으로 하므로 강제집행의 기본이 되는 채권자의 권리, 즉 채권의 존재는 강제집행면탈죄의 성립요건이다. 따라서 채권의 존재가 인정되지 않을 때에는 강제집행면탈죄는 성립하지 않는다. 그러므로 강제집행면탈죄를 유죄로 인정하기 위해서는 먼저 채권이 존재하는지에 관하여 심리·판단하여야 하고, 민사절차에서 이미 채권이 존재하지 않는 것으로 판명된 경우에는 다른 특별한 사정이 없는 한 이와 모순·저촉되는 판단을 할 수가 없다고 보아야 한다. 한편 상계의 의사표시가 있는 경우에는 각 채무는 상계할 수 있는 때에 소급하여 대등액에 관하여 소멸한 것으로 보게 된다. 따라서 상계로 인하여 소멸한 것으로 보게 되는 채권에 관하여는 상계의 효력이 발생하는 시점 이후에는 채권의 존재가 인정되지 않으므로 강제집행면탈죄가 성립하지 않는다.

[2] 피고인이 처 갑 명의로 임차하여 운영하는 주유소의 주유대금 신용카드 결제를, 별도로 운영하는 다른 주유소의 신용카드 결제 단말기로 처리함으로써 갑 명의 주유소의 매출채권을 다른 주유소의 매출채권으로 바꾸는 수법으로 은닉하여 갑에 대하여 연체차임 등 채권이 있어 갑 명의 주유소의 매출채권을 가압류한 을 주식회사의 강제집행을 면탈하였다는 내용으로 기소된 사안에서, 을 회사가 갑을 상대로 미지급 차임 등의 지급을 구하는 민사소송을 제기하였으나 갑이 임대차보증금 반환채권으로 상계한다는 주장을 하여 을 회사의 청구가 기각된 판결이 확정된 사정에 비추어, 상계의 의사표시에 따라 을 회사의 차임채권 등은 채권 발생일에 임대차보증금 반환채권과 대등액으로 상계되어 소멸되었으므로 피고인의 행위 당시 을 회사의 채권의 존재가 인정되지 아니하여 강제집행면탈죄가 성립하지 않는다고 본 원심판단을 정당하다고 한 사례.

【주문】

상고를 기각한다.

【이유】

상고이유를 판단한다.

1. 형법 제327조의 강제집행면탈죄는 채권자의 권리보호를 주된 보호법익으로 하는 것이므로 강제집행의 기본이 되는 채권자의 권리, 즉 채권의 존재는 강제집행면탈죄의 성립요건이다.
   따라서 그 채권의 존재가 인정되지 않을 때에는 강제집행면탈죄는 성립하지 않는다 (대법원 1988. 4. 12. 선고 88도48 판결, 대법원 2007. 7. 12. 선고 2007도3005 판결 등 참조). 그러므로 강제집행면탈죄를 유죄로 인정하기 위해서는 먼저 채권이 존재하는지 여부에 관하여 심리·판단하여야 하고, 민사절차에서 이미 채권이 존재하지 않는 것으로 판명된 경우에는 다른 특별한 사정이 없는 한 이와 모순·저촉되는 판단을 할 수가 없다고 보아야 할 것이다.
   한편 상계의 의사표시가 있는 경우에는 각 채무는 상계할 수 있는 때에 소급하여 대등액에 관하여 소멸한 것으로 보게 된다. 따라서 상계로 인하여 소멸한 것으로 보게 되는 채권에 관하여는 그 상계의 효력이 발생하는 시점 이후에는 채권의 존재가 인정되지 않으므로 강제집행면탈죄가 성립하지 않는다고 할 것이다.

2. 기록에 의하면, 공소외 1 주식회사가 연체차임 및 차임 상당의 부당이득금 등의 채권을 확보하기 위하여 피고인이 처 공소외 2 명의로 임차하여 실질적으로 운영하는 ○○○주유소의 신용카드 매출채권에 대하여 두 차례에 걸쳐 채권가압류를 하자, 피고인이 2009. 7. 8.경부터 2009. 10. 8.경까지 ○○○주유소에서 주유한 손님 공소외 3 등의 주유대금 신용카드 결제를 피고인이 별도로 운영하는 △△△△주유소의 신용카드 결제 단말기로 처리함으로써 ○○○주유소의 신용카드 매출채권을 △△△△주유소의 채권으로 바꾸는 수법으로 이를 은닉하여 강제집행을 면탈하였다는 것이 이 사건 강제집행면탈의 공소사실이다. 이에 대하여 원심은, 공소외 1 주식회사가 공소외 2를 상대로 미지급 차임 등의 지급을 구하는 민사소송을 제기하였으나 공소외 2는 임대차보증금 반환채권으로 상계한다는 주장을 하였고 그 항변이 받아들여져 공소외 1 주식회사의 청구가 기각된 판결이 확정되었다는 사실 등을 인정한 다음, 위 상계의 의사표시에 의하여 2009. 10. 31.까지 발생한 공소외 1 주식회사의 차임채권 및 부당이득금 반환채권 등은 그 채권의 발생일에 임대차보증금 반환채권과 대등액으로 상계되어 소멸되었다고 할 것이므로, 결국 피고인이 공소사실과 같이 2009. 7. 8.경부터 2009. 10. 8.경까지 위 ○○○주유소에서 주유한 손님 공소외 3 등의 주유대금 신용카드 결제를 △△△△주유소의 신용카드 결제 단말기로 처리하여 그 명의로 매출전표를 작성하였다고 하더라도, 그 행위 당시 공소외 1 주식회사의 채권의 존재가 인정되지 아니하여 강제집행면탈죄는 성립하지 아니한다고 판단하였다.

기록에 비추어 살펴보면, 원심의 위와 같은 판단은 앞서 본 법리에 따른 것이므로 정당하고, 거기에 상고이유로 주장하는 바와 같이 강제집행면탈죄의 성립에 관한 법리를 오해하는 등으로 판결에 영향을 미친 위법이 있다고 할 수 없다.

3. 검사는 원심판결 중 유죄 부분에 대하여도 상고를 하였으나, 상고장에 이유의 기재가 없고 상고이유서에도 이에 대한 불복이유의 기재를 찾아볼 수 없다.

4. 이에 상고를 기각하기로 하여, 관여 대법관의 일치된 의견으로 주문과 같이 판결한다.

(3)판례 - 채권자를 해할 위험이 있으면 강제집행면탈죄가 성립하고 반드시 현실적으로 채권자를 해하는 결과가 야기되어야만 강제집행면탈죄가 성립하는 것은 아니라는 판례

대법원 2001. 11. 27. 선고 2001도4759 판결 [강제집행면탈][공2002.1.15.(146),231]

【판시사항】

[1] 강제집행면탈죄에 있어서 '허위양도' 또는 '은닉'의 의미 및 채권자를 해하는 결과발생이 필요한지 여부(소극)

[2] 강제집행면탈죄에 있어서 '재산'의 범위

[3] 원심판결에 강제집행면탈죄에 있어서 은닉행위를 허위양도행위로, 강제집행면탈의 대상이 된 재산의 일부에 대하여 각 사실을 오인한 위법이 있으나, 그 위법이 경미하여 판결 결과에 영향이 없다는 이유로 피고인의 상고를 기각한 사례

【판결요지】

[1] 강제집행면탈죄에 있어서 허위양도라 함은 실제로 양도의 진의가 없음에도 불구하고 표면상 양도의 형식을 취하여 재산의 소유명의를 변경시키는 것이고, 은닉이라 함은 강제집행을 실시하는 자로 하여금 채무자의 재산을 발견하는 것을 불능 또는 곤란하게 만드는 것을 말하는바, 그와 같은 행위로 인하여 채권자를 해할 위험이 있으면 강제집행면탈죄가 성립하고 반드시 현실적으로 채권자를 해하는 결과가 야기되어야만 강제집행면탈죄가 성립하는 것은 아니다.

[2] 강제집행면탈죄에 있어서 재산에는 동산·부동산뿐만 아니라 재산적 가치가 있어 민사소송법에 의한 강제집행 또는 보전처분이 가능한 특허 내지 실용신안 등을 받을 수 있는 권리도 포함된다.

[3] 원심판결에 강제집행면탈죄에 있어서 은닉행위를 허위양도행위로, 강제집행면탈의 대상이 된 재산의 일부에 대하여 각 사실을 오인한 위법이 있으나, 그 위법이 경미하여 판결 결과에 영향이 없다는 이유로 피고인의 상고를 기각한 사례.

【주문】

상고를 기각한다.

【이유】

1. 강제집행면탈죄에 있어서 허위양도라 함은 실제로 양도의 진의가 없음에도 불구하고 표면상 양도의 형식을 취하여 재산의 소유명의를 변경시키는 것이고, 은닉이라 함은 강제집행을 실시하는 자로 하여금 채무자의 재산을 발견하는 것을 불능 또는 곤란하게 만드는 것을 말하는바, 그와 같은 행위로 인하여 채권자를 해할 위험이 있으면 강제집행면탈죄가 성립하고 반드시 현실적으로 채권자를 해하는 결과가 야기되어야만 강제집행면탈죄가 성립하는 것은 아니고(대법원 1998. 9. 8. 선고 98도1949 판결 등 참조), 한편 강제집행면탈죄에 있어서 재산에는 동산·부동산뿐만 아니라 재산적 가치가 있어 민사소송법에 의한 강제집행 또는 보전처분이 가능한 특허 내지 실용신안 등을 받을 수 있는 권리도 포함된다 할 것이다.

2. 원심이 인용한 제1심판결의 채용 증거들을 기록에 비추어 살펴보면, 피고인이 피고인 명의로 등록된 특허권과 실용신안권, 피고인 명의로 특허출원 및 실용신안출원된 각 지적재산권을 양도할 진정한 의사도 없이 공소외 1 주식회사(이하 '공소외 1 회사'라고만 한다)의 대표이사도 모르는 사이에 피고인이 가지고 있던 공소외 1 회사의 법인 인감도장을 이용하여 위 각 지적재산권을 공소외 1에 30,000,000원에 양도한다는 내용의 합의서, 양도증서를 형식적으로 작성하여 위 각 지적재산권을 양도하였음을 인정할 수 있으므로, 원심이 피고인의 위와 같은 행위를 강제집행면탈죄로 처단하였음은 옳고, 원심판결에 상고이유에서 주장하는 바와 같이 강제집행면탈죄에 있어서 재산 및 허위양도의 법리를 오해하거나 이 점에 관한 사실을 오인한 위법이 있다고 할 수 없다.

한편, 기록에 의하면, 공소외 2가 공소외 3 주식회사의 재산에 대하여 강제집행을 실시할 기세를 보이자 피고인이 강제집행을 면탈할 목적으로 공소외 3 주식회사 소유인 제1심판결 별지 비품목록 기재 사무용품 17점 중 사용가치가 있는 일부 사무용품을 공소외 3 주식회사 사무실에서 공소외 1 회사 사무실로 옮겨 이를 은닉한 사실을 인정할 수 있는바, 원심이 이와는 달리 피고인이 위 사무용품 17점을 공소외 1 회사에 허위양도하였다는 사실을 인정함으로써 상고이유에서 주장하는 바와 같이 채증법칙에 위배하여 일부 사실을 오인한 위법이 있다고는 할 것이나, 강제집행면탈죄에 있어서 허위양도와 은닉을 나란히 규정하고 있을 뿐만 아니라 허위양도도 넓은 뜻으로는 은닉의 일종이므로 피고인에 대한 처벌법조는 동일하여 위와 같은 일부 사실오인의 위법이 피고인에 대한 양형에 영향을 미쳤다고 보이지 아니하고, 또한 이 사건에서 피고인이 강제집행을 면탈하였다고 인정되는 재산에 비하여 위와 같이 피고인이 은닉하였다고 인정되지 아니하는 사용가치가 없는 사무용품들은 극히 일부에 불과하여 경미하므로, 결국 원심판결에 사실오인의 위법으로 인하여 판결 결과에 영향을 미친 위법이 있다고 할 수 없다. 이 점에 대한 상고이유의 주장도 받아들일 수 없다.

3. 그러므로 상고를 기각하기로 하여 관여 법관의 일치된 의견으로 주문과 같이 판결한다.

(4)판례 - 부동산 중 대지는 계약명의신탁 약정에 의한 것으로 피고인
에 대한 강제집행이나 보전처분의 대상이 될 수 없어 피고
인에 대한 강제집행면탈죄의 객체가 될 수 없다고 한 판례

대법원 2011. 12. 8. 선고 2010도4129 판결 [강제집행면탈][공2012상,148]

【판시사항】

[1] 이른바 계약명의신탁 방식으로 명의수탁자가 당사자가 되어 소유자와 부동산에
관한 매매계약을 체결하고 그 명의로 소유권이전등기를 마친 경우, 당해 부동산이
채무자인 명의신탁자의 재산으로서 강제집행면탈죄의 객체가 되는지 여부(소극)

[2] 명의신탁 부동산의 실질적 소유자인 피고인이 강제집행을 면탈할 목적으로 부
동산을 허위양도하여 채권자들을 해하였다고 하며 강제집행면탈죄로 기소된 사
안에서, 위 부동산 중 대지는 계약명의신탁 약정에 의한 것으로 피고인에 대한
강제집행이나 보전처분의 대상이 될 수 없어 피고인에 대한 강제집행면탈죄의
객체가 될 수 없다고 한 사례

[3] 채권자가 수인인 경우, 강제집행면탈죄의 죄수 관계

【판결요지】

[1] 명의신탁자와 명의수탁자가 이른바 계약명의신탁 약정을 맺고 명의수탁자가 당
사자가 되어 명의신탁 약정이 있다는 사실을 알지 못하는 소유자와 부동산에
관한 매매계약을 체결한 후 그 매매계약에 따라 당해 부동산의 소유권이전등기
를 명의수탁자 명의로 마친 경우에는, 명의신탁자와 명의수탁자의 명의신탁 약
정이 무효임에도 불구하고 부동산 실권리자명의 등기에 관한 법률 제4조 제2항
단서에 의하여 명의수탁자가 당해 부동산의 완전한 소유권을 취득한다. 반면
에 소유자가 계약명의신탁 약정이 있다는 사실을 안 경우에는 수탁자 명의의
소유권이전등기는 무효이고 당해 부동산의 소유권은 매도인이 그대로 보유하게
된다. 어느 경우든지 명의신탁자는 그 매매계약에 의해서는 당해 부동산의 소
유권을 취득하지 못하게 되어, 결국 그 부동산은 명의신탁자에 대한 강제집행
이나 보전처분의 대상이 될 수 없다.

[2] 명의신탁 부동산의 실질적 소유자인 피고인이 강제집행을 면탈할 목적으로 부동산을 허위양도하여 채권자들을 해하였다고 하며 강제집행면탈죄로 기소된 사안에서, 위 부동산 중 대지는 피고인이 매입하여 갑 명의로 명의신탁해 두었다가 임의경매절차를 통하여 을에게 매각되자 다시 병 주식회사의 명의로 매수하여 병 회사 명의로 소유권이전등기를 마친 것인데, 이는 신탁자인 피고인과 명의수탁자인 병 회사의 계약명의신탁 약정에 의한 것이므로 소유자 을이 그러한 약정이 있다는 사실을 알았는지에 관계없이 명의신탁자인 피고인은 대지의 소유권을 취득할 수 없고, 이후로도 위 대지에 관하여 피고인 이름으로 소유권이전등기를 마친 적이 없다면 피고인에 대한 강제집행이나 보전처분의 대상이 될 수 없어 피고인에 대한 강제집행면탈죄의 객체가 될 수 없다고 한 사례.

[3] 채권자들에 의한 복수의 강제집행이 예상되는 경우 재산을 은닉 또는 허위양도함으로써 채권자들을 해하였다면 채권자별로 각각 강제집행면탈죄가 성립하고, 상호 상상적 경합범의 관계에 있다.

【주문】

원심판결을 파기하고, 사건을 전주지방법원 본원 합의부에 환송한다.

【이유】

상고이유를 판단한다.

1. 형법 제327조는 "강제집행을 면할 목적으로 재산을 은닉, 손괴, 허위양도 또는 허위의 채무를 부담하여 채권자를 해한 자"를 처벌함으로써 강제집행이 임박한 채권자의 권리를 보호하기 위한 것이므로, 강제집행면탈죄의 객체는 채무자의 재산 중에서 채권자가 민사집행법상 강제집행 또는 보전처분의 대상으로 삼을 수 있는 것이어야 한다. 한편 명의신탁자와 명의수탁자가 이른바 계약명의신탁 약정을 맺고 명의수탁자가 당사자가 되어 명의신탁 약정이 있다는 사실을 알지 못하는 소유자와 부동산에 관한 매매계약을 체결한 후 그 매매계약에 따라 당해 부동산의 소유권이전등기를 명의수탁자 명의로 마친 경우에는, 명의신탁자와 명의수탁자 사이의 명의신탁 약정의 무효에도 불구하고 부동산 실권리자명의 등기

에 관한 법률 제4조 제2항 단서에 의하여 그 명의수탁자는 당해 부동산의 완전한 소유권을 취득한다. 반면에 소유자가 계약명의신탁 약정이 있다는 사실을 안 경우에는 수탁자 명의의 소유권이전등기는 무효이고 당해 부동산의 소유권은 매도인이 그대로 보유하게 된다. 어느 경우든지 명의신탁자는 그 매매계약에 의해서는 당해 부동산의 소유권을 취득하지 못하게 되어, 결국 그 부동산은 명의신탁자에 대한 강제집행이나 보전처분의 대상이 될 수 없다 (대법원 2009. 5. 14. 선고 2007도2168 판결 참조).

2. 원심판결 이유에 의하면, 원심은, "피고인이 전주시 완산구 삼천동 1가 (지번 생략) 대 828㎡(이하 '이 사건 대지'라 한다)와 그 지상 건물(이하 '이 사건 건물'이라 하고, 이 사건 대지와 함께 '이 사건 부동산'이라 한다)의 실질적인 소유자인바, 이 사건 건물 증축공사로 인한 공사대금채권 등의 채권자들인 피해자들이 이 사건 대지 및 건물에 관하여 강제집행을 할 것이 예상되자 이러한 강제집행을 면탈하기 위하여 2008. 7. 8. 공소외 1 유한회사를 설립한 다음 2008. 8. 19. 이 사건 대지 및 건물에 관하여 공소외 1 유한회사 명의의 소유권이전등기를 마침으로써 강제집행을 면탈할 목적으로 이 사건 대지 및 건물을(공소사실에 '위 토지 및 대지를'이라고 기재되어 있고 제1심과 원심도 범죄사실에 동일하게 기재하였으나, 이는 '위 대지 및 건물을'의 오기임이 명백한 것으로 보인다) 공소외 1 유한회사에 허위양도하여 채권자들을 해하였다."는 요지의 이 사건 공소사실에 대하여, 먼저 그 채택 증거들을 종합하여, ① 피고인이 1998년에 이 사건 대지를 매수하여 자신의 누나인 공소외 2의 명의로 소유권이전등기를 마친 다음 그 지상에 자신의 비용으로 이 사건 건물을 신축함으로써 이 사건 부동산을 소유하게 된 사실, ② 그 후 피고인은 자신이 실질적으로 소유·경영하는 공소외 3 주식회사 앞으로 이 사건 부동산의 소유명의를 변경하였으나, 이 사건 건물에서 운영하던 목욕탕 영업을 그만두면서 이 사건 부동산의 소유명의를 다시 공소외 2 앞으로 이전하여 둔 사실, ③ 피고인은 신용불량자인 자신의 소유로 이 사건 부동산을 등기하지 않았을 뿐 이를 임대하거나 담보로 제공하는 등의 관리·처분에 관하여는 직접 결정하고 처리하여 온 사실을 인정한 다음, 이에 의하면 이 사건 부동산은 실질적으로 피고인의 책임재산이라고 판단하였다.
그런 다음 원심은, 그 채택 증거들에 의하여 인정되는 다음과 같은 사정들, 즉 ① 피고인이 이 사건 부동산에 대한 경매가 진행 중이던 2008. 7. 8. 이 사건 부동산의 소유명의를 이전하려는 의도로 공소외 1 유한회사를 설립한 사실, ② 피고인은 이 사건 부동산의 소유권이전등기비용조차 부담하기 어렵자 2008. 8. 채권자인 공소외 4와 " 공소외 4가 소유권이전등기비용을 부담하면 공소외 4를 공소외 1 유한회사의 대표이사로 등재하되, 피고인이 공소외 4에 대한 모든 채무를 변제한 후에는 공소외 4는 공소외 1 유한회사 대표이사직에서 사임한다."는 내용의 약정서를 작성한 사실, ③ 피고인은 위 약정에 따라 2008. 8. 13. 공소외 4를 공소외 1 유한회사 대표이사로 등재하였고, 2008. 8. 19. 이 사건 부동산에 관하여 공소외 1 유한회사 앞으로 소유권이전등기를 마친 사실, ④ 한편 공소외 1 유한회사나 공소외 4는 이 사건 부동산 매매대금으로 자금을 출연한 바 없는 사실, ⑤ 피고인(매매계약서상 매도인은 등기명의인인 공소외 2)과 공소외 1 유한회사 사이의 이 사건 부동산 매매계약서에 기재된 계약일자는 2008. 7. 18.이나, 당시 공소외 1 유한회사의 대표이사는 공소외 5인데 반하여 계약서에는 2008. 8. 13.에서야 대표이사로 취임하는 공소외 4가 대표이사로 기재되어 있는 사실 등을 종합하여 보면, 피고인은 이 사건 부동산의 소유명의를 변경하려는 의사를 가지고 공소외 1 유한회사 앞으로 소유권이전등기를 마쳤을 뿐 실제로 양도의사가 있었다고는 볼 수 없으므로 이는 허위양도에 해당한다는 이유로, 이 사건 공소사실을 유죄로 판단하였다.

3. 가. 먼저 이 사건 건물의 허위양도로 인한 강제집행면탈의 점에 관하여 살펴본다. 원심이 인정한 위 사실관계에 더하여, 기록에 의하면, 피고인은 자신의 비용으로 이 사건 건물을 신축하였으나 당시 금융기관에 의하여 신용불량자로 등록된 상태였기 때문에 채권자들의 강제집행 회피 등의 목적으로 이 사건 건물에 관하여 1999. 9. 27. 피고인의 처인 공소외 6 명의로 소유권보존등기를 마침과 아울러 같은 날 피고인이 이 사건 부동산의 소유명의자로 내세우기 위해 설립한 공소외 3 주식회사 앞으로 소유권이전등기를 마쳐 둔 사실, 그 뒤 피고인은 2003. 3. 10. 공소외 2 앞으로 이 사건 건물의 소유명의를 이전하였으며, 다시 2008. 8. 19. 위와 같이 공소외 1 유한회사 앞으로 이 사건 건물의 소유명의를 이전한 사실을 알 수 있는바, 피고인이 이 사건 건물의 신축으로 그 소유권을 원시취득한 후 이루어진 공소외 6 명의의 소유권보존등기는 강제집행면탈을 목적으로 한 것이어서 부동산 실권리자명의 등기에 관한 법률 제8조 제2호의 특례가 적용될 수 없고, 따라서 위 소유권보존등기와

그 뒤 이루어진 공소외 3 주식회사 및 공소외 2 명의의 각 소유권이전등기는 모두 명의신탁 약정에 의한 무효의 등기이므로, 피고인이 이 사건 건물의 소유명의를 공소외 1 유한회사 앞으로 이전할 당시에도 이 사건 건물은 여전히 피고인의 소유로 책임재산을 구성하는 것으로 볼 수 있다.

나아가 원심이 위 판시와 같은 이유로 피고인이 이 사건 건물을 공소외 1 유한회사에 양도한 것이 허위양도라고 판단한 것도 수긍할 수 있으며, 기록에 비추어 이는 채권자들의 강제집행을 면탈할 목적을 가지고 한 행위로 넉넉히 인정되므로, 원심이 이 사건 건물의 허위양도로 인한 강제집행면탈의 점을 유죄로 판단한 것은 정당하다.

나. 다음으로, 이 사건 대지의 허위양도로 인한 강제집행면탈의 점에 관하여 살펴본다.

기록에 의하면, 이 사건 대지는 피고인이 1998. 10. 7. 공소외 2 명의로 소유권이전등기를 마쳤으나 그 전부터 진행되던 임의경매절차를 통하여 1999. 12. 6. 공소외 7이 이를 매수하여 소유권을 취득한 사실, 피고인은 2000. 5. 27. 공소외 7로부터 공소외 3 주식회사 명의로 이 사건 대지를 매수하여 위 회사 앞으로 소유권이전등기를 마쳤고, 그 뒤 2003. 3. 10. 공소외 2 앞으로 소유명의를 이전하였으며, 다시 2008. 8. 19. 위와 같이 공소외 1 유한회사 앞으로 이 사건 대지의 소유명의를 이전한 사실을 알 수 있다.

사실관계가 이와 같다면, 피고인이 공소외 3 주식회사 명의로 이 사건 대지를 매수하여 그 앞으로 소유권이전등기를 마친 것은 명의신탁자인 피고인과 명의수탁자인 공소외 3 주식회사 사이의 이른바 계약명의신탁 약정에 의한 것으로, 공소외 7이 그러한 약정이 있다는 사실을 알았는지 여부에 관계없이 명의신탁자인 피고인은 이 사건 대지의 소유권을 취득하지 못하는 것이고, 그 뒤 피고인은 이 사건 대지에 관하여 또 다른 명의수탁자인 공소외 2 앞으로 소유명의를 이전하였을 뿐 피고인 자신의 이름으로 소유권이전등기를 마친 바도 없으므로, 이 사건 대지는 피고인에 대한 강제집행이나 보전처분의 대상이 될 수 없어 강제집행면탈죄의 객체가 될 수 없는 것이다.

그럼에도 원심이 앞서 본 바와 같은 이유로 이 사건 대지의 허위양도로 인한 강제집행면탈의 점을 유죄로 인정한 것은 강제집행면탈죄의 객체에 관한 법리를 오해하여 판단을 그르친 것이다.

다. 한편 원심은 피고인이 이 사건 대지와 건물을 공소외 1 유한회사 앞으로 허위양도함으로써 채권자들을 해한 행위가 일죄에 해당하는 것으로 보아 하나의 형을 선고하였으므로, 원심판결 전부를 파기하지 않을 수 없다[그런데 이 사건과 같이 채권자들에 의한 복수의 강제집행이 예상되는 경우 재산을 은닉 또는 허위양도함으로써 채권자들을 해하였다면 채권자별로 각각 강제집행면탈죄가 성립하고, 상호 상상적 경합범의 관계에 있는바(대법원 2002. 10. 25. 선고 2002도4123 판결 참조), 이 사건 건물의 허위양도로 인한 강제집행면탈죄 역시 각 채권자별로 성립하여 상상적 경합범의 관계에 있다고 보아야 함을 지적하여 둔다].

4. 결론

그러므로 원심판결을 파기하고, 사건을 다시 심리·판단하게 하기 위하여 원심법원으로 환송하기로 하여, 관여 대법관의 일치된 의견으로 주문과 같이 판결한다.

(5)판례 - 장래에 발생할 특정의 조건부채권을 담보하기 위한 방편으로 부동산에 대하여 근저당권을 설정한 것이라면, 강제집행면탈죄 소정의 '허위의 채무를 부담' 하는 경우에 해당한다고 할 수 없다는 판례

대법원 1996. 10. 25. 선고 96도1531 판결 [강제집행면탈][공1996.12.1.(23),3498]

【판시사항】

장래 발생할 특정의 조건부채권을 담보하기 위하여 부동산에 근저당권을 설정한 행위가 강제집행면탈죄의 '허위채무 부담' 에 해당하는지 여부(소극)

【판결요지】

피고인이 장래에 발생할 특정의 조건부채권을 담보하기 위한 방편으로 부동산에 대하여 근저당권을 설정한 것이라면, 특별한 사정이 없는 한 이는 장래 발생할 진실한 채무를 담보하기 위한 것으로서, 피고인의 위 행위를 가리켜 강제집행면탈죄 소정의 '허위의 채무를 부담'하는 경우에 해당한다고 할 수 없다.

【주문】

원심판결을 파기하고 사건을 서울지방법원 본원 합의부에 환송한다.

【이유】

상고이유를 판단한다.

1. 원심판결의 요지

원심판결 이유에 의하면 원심은, 피고인 1은 1978. 3. 4. 전의이씨 군기시 판관공파(전의이씨 군기시 판관공파)종중으로부터 서울 강서구 (주소 1 생략)[환지 전 (주소 2 생략)], (주소 3 생략)[환지 전 (주소 4 생략)]을 매수하여 소유권이전등

기를 마치지 않은 상태에서 위 (주소 1 생략) 대 507㎡는 1978. 7. 16.경 피고인 2에게 금 1,200만 원에, 위 (주소 3 생략) 대 350㎡는 1988. 8. 12.경 피고인 3에게 금 800만 원에 각 매도하고 피고인들 앞으로 소유권이전등기를 마쳐 주었으나 동인들이 각 그 매수대금의 절반을 미납하자 그 무렵 피고인 1과 나머지 각 피고인 사이에 위 각 2분의 1 지분에 대하여 명의신탁한 것으로 합의하였는바, 피고인 2, 피고인 3이 위 대지들을 1982. 3. 7. 공소외 1에게 금 7,491만 원에 매도하여 동인이 동 대지 위에 연립주택 18세대를 건축하고 동 주택을 피해자 공소외 2 등 14명에게 분양한 후 공사 마무리가 일부 되지 아니하고 피고인 2, 피고인 3이 위 대지 대금을 수령하지 못한 상태에서 피해자들이 위 주택에 입주하여 살게 되자 피고인 2, 피고인 3이 피해자들을 상대로 한 가옥명도소송 및 지료청구소송이 계속되던 중 피해자들이 1990. 10.경 서울지방법원 남부지원에 피고인 2, 피고인 3을 상대로 같은 법원 90가합21736호로 소유권이전등기 등 청구소송을 제기하자, (1) 피고인 1, 피고인 2는 공모하여 명의신탁의 법리에 의하여 피해자들이 위 소송에서 승소한 경우 피고인 1은 위 (주소 1 생략) 대지에 대한 사실상 소유권을 행사할 수 없게 됨을 알고 피고인 1은 위 (주소 1 생략) 대지의 2분 1 지분에 대한 명의신탁자일 뿐 피고인 2에 대하여 아무런 채권이 없음에도 불구하고 동 강제집행을 면탈할 목적으로, 1992. 7. 21. 시불상경 서울 강서구 소재 서울민사지방법원 강서등기소에서 위 (주소 1 생략) 대지에 관하여 채권최고액 4억 7천 4백만 원, 근저당권자 피고인 1로 하는 근저당권을 설정하여 허위채무를 부담하고, (2) 피고인 1, 피고인 3은 공모하여 위 제1항과 같은 이유로 피고인 1은 위 (주소 3 생략) 대지의 2분의 1 지분에 대한 명의신탁자일 뿐 피고인 3에 대하여 아무런 채권이 없음에도 불구하고 동 강제집행을 면탈할 목적으로, 1992. 7. 22. 시불상경 같은 장소에서 위 (주소 3 생략) 대지에 관하여 채권최고액 3억 2천 7백만 원, 근저당권자 피고인 1로 하는 근저당권을 설정하여 허위채무를 부담한 사실을 인정하고, 피고인들의 그와 같은 행위를 강제집행면탈죄에 해당하는 것으로 판시한 제1심판결을 판시와 같은 이유로 그대로 유지하고 있다.

2. 판단

그러나 피고인들이 단순히 근저당권을 설정하였다는 것만 가지고는 강제집행면탈죄에 있어서 구성요건인 '허위의 채무를 부담'하는 경우에 해당한다고 할 수 없을 뿐 아니라, 원심이 인정한 사실관계에 의하면, 피고인 1은 이 사건 각 부동산에 대한 2분의 1 지분을 피고인 2, 피고인 3에게 각 그 명의를 신탁하였는데, 그 판시와 같은 이유로 피해자들이 판시 소유권이전등기 청구소송에서 승소할 경우 피고인 1로서는 사실상 자기의 지분권을 행사할 수 없게 되어 피고인 2, 피고인 3과 합의하여 이 사건 각 부동산에 대하여 근저당권자를 피고인 1로 하는 이 사건 근저당권을 각 설정하게 된 점을 알 수 있는바, 위 사실관계에 의하면 피고인 1은 피해자들이 판시 소유권이전등기 청구소송에서 승소하여 그 소유명의를 이전하여 갈 경우 이 사건 각 부동산에 대한 자신의 내부적인 소유지분에 관한 권리를 상실하게 되는 대신 명의수탁자인 피고인 2, 피고인 3에 대하여 위 권리를 상실하므로 입게 될 손해배상청구권 또는 대금반환청구권을 취득하게 된다 할 것이므로 피고인 1이 자신의 피고인 2, 피고인 3에 대하여 장래에 발생할 특정의 위 조건부채권을 담보하기 위한 방편으로 이 사건 각 부동산에 대하여 위 각 근저당권을 설정한 것이라면, 특별한 사정이 없는 한 이는 장래 발생할 진실한 채무를 담보하기 위한 것으로 보여져 (대법원 1993. 5. 25. 선고 93다6362 판결참조) 피고인의 위 행위를 가리켜 강제집행면탈죄 소정의 '허위의 채무를 부담'하는 경우에 해당한다고 할 수 없다.

그렇다면 원심으로서는 피고인들이 위 근저당권을 설정한 것 외에 허위채무를 부담하였는지 여부와 이 사건 각 부동산에 대한 위 근저당설정 행위가 피고인 1의 위 채권을 담보하기 위한 것인지 여부를 심리한 다음, 피고인들의 위 행위가 강제집행면탈죄 소정의 '허위의 채무를 부담'하는 경우에 해당하는지 여부를 판단하였어야 함에도 불구하고, 원심이 이에 이르지 아니한 채 그 판시와 같은 이유만으로 피고인들에게 유죄를 선고한 제1심판결을 그대로 유지하였음은 형법 제327조 소정의 허위채무의 부담에 관한 법리를 오해하였거나 심리를 다하지 아니함으로써 판결에 영향을 미친 위법을 저질렀다 할 것이므로, 이 점을 지적하는 취지가 포함된 상고이유의 주장은 이유 있다.

3. 그러므로 원심판결을 파기하고 사건을 다시 심리·판단하게 하기 위하여 원심법원에 환송하기로 관여 법관들의 의견이 일치되어 주문과 같이 판결한다.

(6) 판례 – 채무가 완제된 것처럼 허위의 채무완제확인서를 작성하여 법원에 제출하는 등의 방법으로 매각허가결정 된 병 소유 부동산의 경매를 취소하였다는 내용으로 기소된 사안에서, 피고인에게 강제집행면탈죄를 인정한 원심판단을 수긍한 판례

대법원 2011. 7. 28. 선고 2011도6115 판결 [사기·강제집행면탈][공2011하,1900]

【판시사항】

[1] 강제집행면탈죄의 객체인 '재산'에 '장래의 권리'가 포함되는지 여부(한정 적극)

[2] 피해자 갑은 을의 채권자로서 을이 병 소유 부동산 경매사건에서 지급받을 배당금 채권의 일부에 가압류를 해 두었는데, 피고인과 병, 을의 상속인 등이 공모하여 병의 을에 대한 채무가 완제된 것처럼 허위의 채무완제확인서를 작성하여 법원에 제출하는 등의 방법으로 매각허가결정된 병 소유 부동산의 경매를 취소하였다는 내용으로 기소된 사안에서, 피고인에게 강제집행면탈죄를 인정한 원심판단을 수긍한 사례

【판결요지】

[1] 강제집행면탈죄의 객체인 재산은 채무자의 재산 중에서 채권자가 민사집행법상 강제집행 또는 보전처분의 대상으로 삼을 수 있는 것을 의미하는데, 장래의 권리라도 채무자와 제3채무자 사이에 채무자의 장래청구권이 충분하게 표시되었거나 결정된 법률관계가 존재한다면 재산에 해당하는 것으로 보아야 한다.

[2] 피해자 갑은 을의 채권자로서 을이 병 소유 부동산 경매사건에서 지급받을 배당금 채권의 일부에 가압류를 해 두었는데, 을 사망 후 피고인과 병, 을의 상속인 등이 공모하여 병의 을에 대한 채무가 완제된 것처럼 허위의 채무완제확인서를 작성하여 법원에 제출하는 등의 방법으로 매각허가결정된 병 소유 부동산의 경매를 취소하였다는 내용으로 기소된 사안에서, 을의 상속인들이 병 소유 부동산의 경매절차에서 배당받을 배당금지급채권은 강제집행면탈죄의 객체인 '재산'에 해당하고, 피고인 등이 병의 을에 대한 채권이 완제된 것처럼 가장하

여 을의 상속인 등을 상대로 청구이의의 소를 제기하고 그 판결에 기하여 강제집행정지 및 경매취소에 이르게 한 행위는 소유관계를 불명하게 하는 방법에 의한'재산의 은닉'에 해당한다는 이유로, 피고인에게 강제집행면탈죄를 인정한 원심판단을 수긍한 사례.

【주문】

상고를 기각한다.

【이유】

상고이유를 판단한다.

1. 형법 제327조의 강제집행면탈죄는 강제집행을 당할 구체적인 위험이 있는 상태에서 재산을 은닉, 손괴, 허위양도 또는 허위의 채무를 부담하여 채권자를 해할 때 성립한다. 여기서 강제집행면탈죄의 객체인 재산은 채무자의 재산 중에서 채권자가 민사집행법상 강제집행 또는 보전처분의 대상으로 삼을 수 있는 것을 의미하는바(대법원 2008. 9. 11. 선고 2006도8721 판결 참조), 장래의 권리라도 채무자와 제3채무자 사이에 채무자의 장래청구권이 충분하게 표시되었거나 결정된 법률관계가 존재한다면 재산에 해당하는 것으로 보아야 한다. 또한 강제집행면탈죄에 있어서의 '재산의 은닉'이라 함은 강제집행을 실시하는 자에 대하여 재산의 발견을 불능 또는 곤란케 하는 것을 말하는 것으로서 재산의 소재를 불명케 하는 경우는 물론 그 소유관계를 불명하게 하는 경우도 포함한다(대법원 2003. 10. 9. 선고 2003도3387 판결).

2. 원심판결 이유 및 원심이 채용한 증거에 의하면, 원심 공동피고인 1은 이 사건 경매부동산의 소유자인 사실, 제1심 공동피고인 1의 남편 공소외 1은 2006. 8. 21. 대전지방법원 2006타경23510호로 원심 공동피고인 1에 대한 3억 1,000만 원의 약속어음 공정증서에 기하여 강제경매신청을 하여 2006. 8. 28. 강제경매개시결정을 받은 후, 2008. 7. 31. 사망하여 제1심 공동피고인 1 및 공소외 2, 3, 4 등이 상속한 사실, 공소외 1의 채권자인 피해자 공소외 5는 2008. 8. 7. 대전지방법원 2008카합1076호로 채무자를 공소외 1로, 제3채무자를 대한민국으로 하여, 채

무자가 제3채무자에 대하여 가지는 위 경매사건의 배당금채권 중 103,333,333원에 달하기까지 채권에 대하여 가압류결정을 받은 사실, 2008. 10.경 공소외 1의 채권자들인 피해자들과 제1심 공동피고인 1이 선임한 공소외 6 변호사 사이에 '위 경매절차의 배당금에서 비용 등을 공제한 금액 중 피해자 공소외 7이 24%, 피해자 공소외 8과 공소외 5가 21%, 공소외 6이 21%를 지급받는다'는 내용의 각서가 작성된 사실, 공소외 1의 상속인인 제1심 공동피고인 1, 공소외 2, 3, 4는 2008. 12. 5. 법원으로부터 한정승인신고수리 심판을 받았는데, 그 한정승인신고에 첨부된 상속재산목록에 " 공소외 1의 재산상속을 함에 있어 적극재산을 3억 1,000만 원의 약속어음채권으로 하고, 소극재산을 피해자 공소외 7에 대한 1억 5,500만 원의 약정금채무, 공소외 9에 대한 1억 5,500만 원의 약정금채무, 피해자 공소외 8에 대한 103,333,000원의 약정금채무로 한다."고 기재되어 있는 사실, 2009. 2. 24. 위 경매절차에서 이 사건 경매부동산이 매각되었고, 2009. 3. 3.자로 최고가매각허가결정이 내려진 사실, 피고인, 원심 공동피고인 1, 제1심 공동피고인 1은 원심 공동피고인 1이 공소외 1의 상속인인 제1심 공동피고인 1 및 공소외 10 등 자녀 4명에게 공소외 1에 대한 채무를 완제하지 않았음에도 불구하고 마치 완제한 것처럼 허위의 채무완제확인서를 작성하여 법원에 제출하는 방법으로 매각허가결정 된 이 사건 경매부동산의 경매를 취소시키기로 공모한 사실, 피고인 등은 2009. 4. 1. 위 약속어음 공정증서에 기한 채권은 모두 완제되었다는 내용의 제1심 공동피고인 1 외 4인의 연명으로 된 채무완제확인서를 첨부하여 원심 공동피고인 1을 원고, 제1심 공동피고인 1 외 4인을 피고로 하는 청구이의의 소를 제기하고, 이를 근거로 이 사건 경매절차의 정지를 구하는 강제집행정지신청을 한 사실, 2009. 7. 1. 법원으로부터 위 약속어음 공정증서에 기한 강제집행을 불허한다는 취지의 판결이 선고되어 그 무렵 확정되었고, 피고인 등은 2009. 8. 7. 위 판결을 근거로 경매취소신청을 하여 이 사건 경매절차가 종료된 사실을 알 수 있다.

3. 위 사실관계를 앞에서 본 법리에 비추어 살펴보면, 제1심 공동피고인 1 외 4인이 이 사건 경매절차에서 배당받을 배당금지급채권은 강제집행면탈죄의 객체인 재산에 해당하고, 피고인 등이 제1심 공동피고인 1 등의 원심 공동피고인 1에 대한 채권이 완제된 것처럼 가장하여 제1심 공동피고인 1 외 4인을 상대로 청구이의의 소를 제기하고 그 판결에 기하여 강제집행정지 및 경매취소에 이르게 한 것은 소유관계를 불명하게 하는 방법에 의한 '재산의 은닉'에 해당한다 할 것이다.

원심이 같은 취지에서 이 사건 공소사실 중 강제집행면탈의 점을 유죄로 인정한 것은 정당하고, 거기에 상고이유의 주장과 같이 논리와 경험의 법칙에 위배하고 자유심증주의의 한계를 벗어나거나 강제집행면탈죄에 관한 법리 등을 오해한 위법이 없다.

4. 그러므로 상고를 기각하기로 하여, 관여 대법관의 일치된 의견으로 주문과 같이 판결한다.

(7)판례 – 강제집행의 기본이 되는 채권자의 권리 즉 채권의 존재는
　　　　강제집행면탈죄의 성립 요건이며 그 채권의 존재가 인정되
　　　　지 않을 때에는 강제집행면탈죄는 성립하지 않는다는 판례

대법원 1982. 10. 26. 선고 82도2157 판결 [강제집행면탈][집30(3)형,204;공1983.1.15.(696),126]

【판시사항】

강제집행의 기본이 되는 채권이 부존재하는 경우 강제집행면탈죄의 성부(소극)

【판결요지】

형법 제327조의 강제집행면탈죄는 채권자의 정당한 권리행사 보호외에 강제집
행의 기능보호도 그 법익으로 하는 것이나, 현행 형법상 강제집행면탈죄가 개인적
법익에 관한 재산범의 일종으로 규정되어 있는 점과 채권자를 해하는 것을 그 구
성요건으로 규정하고 있는 점등에 비추어 보면 그 주된 법익은 채권자의 권리보
호에 있다고 해석함이 상당하므로, 강제집행의 기본이 되는 채권자의 권리 즉 채
권의 존재는 강제집행면탈죄의 성립 요건이며 그 채권의 존재가 인정되지 않을
때에는 강제집행면탈죄는 성립하지 않는다.

【주문】

상고를 기각한다.

【이유】

1. 검사의 상고이유 첫째 점을 본다.

원심은 이 사건 강제집행의 기본이 되는 피고인에 대한 6,000,000원의 대여금 채
권의 존재를 인정할 증거가 없으므로 이 사건 강제집행면탈의 공소사실은 결국
범죄의 증명이 없는 때에 해당한다는 이유로 피고인에게 무죄를 선고한 1심판결
을 유지하고 있는 바, 기록에 의하여 1심이 위 사실인정에 거친 증거취사 과정

을 살펴보면 정당하고 소론과 달리 채증법칙에 위반한 위법이 없으니 위 사실인
정을 다투는 논지는 이유 없다.

2. 같은 상고이유 제2점을 본다.

형법 제327조의 강제집행면탈죄는 채권자의 정당한 권리행사 보호외에 강제집행
의 기능보호도 그 법익으로 하는 것이나, 현행 형법상 강제집행면탈죄가 개인적
법익에 관한 재산범의 일종으로 규정되어 있는 점과 채권자를 해하는 것을 그
구성요건으로 규정하고 있는 점 등에 비추어 보면 그 주된 법익은 채권자의 권
리보호에 있다고 해석함이 상당하다.

그러므로 강제집행의 기본이 되는 채권자의 권리 즉 채권의 존재는 강제집행면
탈죄의 성립요건이며 그 채권의 존재가 인정되지 않을 때에는 강제집행면탈죄는
성립하지 않는다고 볼 수밖에 없다.

이 사건에서 원심이 강제집행의 기본이 되는 채권이 인정되지 않음을 이유로 무
죄를 선고한 1심판결을 유지하고 있는 조치는 정당하고 소론과 같이 강제집행면
탈죄의 법리를 오해한 위법이 없으니 이 점에 관한 논지도 이유없다.

3. 그러므로 상고를 기각하기로 하여 관여법관의 일치된 의견으로 주문과 같이 판
결한다.

(8)판례 - 다른 사람에 대한 허위의 채무에 기하여 근저당권설정등기 등을 경료 하더라도 이로써 가압류채권자의 법률상 지위에 어떤 영향을 미치지 않으므로, 강제집행면탈죄에 해당하지 아니한다는 판례

대법원 2008. 5. 29. 선고 2008도2476 판결 [강제집행면탈][공2008하,962]

【판시사항】

[1] 형법 제327조의 강제집행면탈죄의 성립요건

[2] 가압류 후에 목적물의 소유권을 취득한 제3취득자가 허위의 채무에 기하여 근저당권을 설정한 행위가 강제집행면탈죄를 구성하는지 여부(소극)

【판결요지】

[1] 형법 제327조의 강제집행면탈죄는 객관적으로 민사소송법에 의한 강제집행 또는 가압류, 가처분의 집행을 받을 우려가 있는 상태에서 주관적으로 강제집행을 면탈하려는 목적으로 재산을 은닉, 손괴, 허위양도하거나 허위의 채무를 부담하여 채권자를 해할 위험이 있는 경우에 성립한다.

[2] 가압류에는 처분금지적 효력이 있으므로 가압류 후에 목적물의 소유권을 취득한 제3취득자 또는 그 제3취득자에 대한 채권자는 그 소유권 또는 채권으로써 가압류권자에게 대항할 수 없다. 따라서 가압류 후에 목적물의 소유권을 취득한 제3취득자가 다른 사람에 대한 허위의 채무에 기하여 근저당권설정등기 등을 경료하더라도 이로써 가압류채권자의 법률상 지위에 어떤 영향을 미치지 않으므로, 강제집행면탈죄에 해당하지 아니한다.

【주문】

상고를 모두 기각한다.

【이유】

상고이유를 판단한다.

형법 제327조의 강제집행면탈죄는 객관적으로 민사소송법에 의한 강제집행 또는 가압류, 가처분의 집행을 받을 우려가 있는 상태에서 주관적으로 강제집행을 면탈하려는 목적으로 재산을 은닉, 손괴, 허위양도하거나 허위의 채무를 부담하여 채권자를 해할 위험이 있는 경우에 성립하는 것인바 (대법원 1998. 9. 8. 선고 98도1949 판결, 대법원 2001. 10. 26. 선고 2001도4831 판결 등 참조), 가압류에는 처분금지적 효력이 있으므로 가압류 후에 목적물의 소유권을 취득한 제3취득자 또는 그 제3취득자에 대한 채권자는 그 소유권 또는 채권으로써 가압류권자에게 대항할 수 없다고 할 것이므로, 가압류 후에 목적물의 소유권을 취득한 제3취득자가 다른 사람에 대한 허위의 채무에 기하여 근저당권설정등기 등을 경료하더라도 이로써 가압류채권자의 법률상의 지위에 어떤 영향을 미칠 수 없고, 따라서 강제집행면탈죄에는 해당되지 아니한다고 할 것이다.

원심은, 공소외 1이 주식회사 ○○고속관광여행사가 작성한 2002. 1. 20.자 합의각서를 근거로 하여 인천지방법원 부천지원 2004카단5832호로 자동차가압류결정을 받은 후, 주식회사 ○○고속관광여행사 소유의 버스 8대에 대하여 2004. 7. 19. 가압류기입등록을 마친 사실, 피고인 3이 실질사주인 △△관광 주식회사가 2004. 8. 19. 주식회사 ○○고속관광여행사로부터 자동차운송사업허가권과 함께 위 버스 8대 등을 양수하여 2004. 8. 30. 소유권이전등록을 마친 사실, 그 후 위 버스 중 (차량등록번호 1 생략)호(변경전 (차량등록번호 21 생략)호)의 실질차주인 피고인 1이 공소외 2에 대하여 3,000만 원, (차량등록번호 3 생략)호(변경전 (차량등록번호 4 생략)호)의 실질차주인 피고인 2가 공소외 3에 대하여 4,000만 원의 각 채무를 부담하고 있는 것으로 허위의 차용증을 작성한 후, 이를 근거로 2005. 11. 24. 위 버스 2대에 관하여 각 공소외 2, 공소외 3을 저당권자로 한 저당권설정등록을 마친 사실 등을 인정한 다음, 공소외 1의 가압류등록 후 위 버스의 소유권이 주식회사 ○○고속관광여행사에서 △△관광 주식회사에게 이전되고, 그 이후에 공소외 2, 공소외 3의 저당권설정등록이 이루어졌으므로, 공소외 1의 가압류채권에 기한 강제집행절차에서 가압류의 처분금지적 효력이 미치는 매각대금 부분은 공소외 1이 우선적인 권리를 행사할 수 있고, 공소외 2, 공소외 3은 매각대금 중 가압류의 처분금지적 효력이 미치는 금액에 대해서는 배당을 받을 수 없어, 피고인들의 공소외 2, 공소외 3 명의의 저당권설정등록으로 인하여 공소외 1의 강제집행이 방해된다고 볼 수 없을 뿐만 아니라, 여기에 공소외 1이 2002. 1. 20.자 합의각서와 2002. 9. 23.자 및 같은 달 25.자 각서에서 주식회사 ○○고속관광여행사 소유의 자동차에 대하여 강제집행을 하지 않겠다는 약정을 하였던 점에 비추어 보더라도 피고인들의 위 저당권설정등록으로 인하여 공소외 1의 강제집행이 방해된다고는 볼 수 없고, 그밖에 달리 피고인들이 공소외 1에 대한 강제집행을 면할 목적으로 허위의 채무를 부담하였다는 점을 인정할 만한 증거가 없다는 이유로 피고인들에 대한 이 사건 공소사실에 대하여 무죄를 선고한 제1심판결을 그대로 유지하였는바, 앞서 본 법리와 기록에 비추어 살펴보면 원심의 위와 같은 사실인정과 판단은 정당한 것으로 수긍할 수 있고, 거기에 상고이유의 주장과 같은 강제집행면탈에 관한 법리오해 등의 위법이 없다.

그러므로 상고를 모두 기각하기로 하여 관여 대법관의 일치된 의견으로 주문과 같이 판결한다.

(9)판례 - 소유자가 사전 모의하여 그 부동산에 관한 다른 채권자의 강제집행을 면할 목적으로 선순위 가등기권자 앞으로 소유권이전의 본등기를 한 경우도 재산의 은닉에 해당한다는 판례

대법원 1983. 5. 10. 선고 82도1987 판결 [강제집행면탈][집31(3)형,1;공1983.7.1.(707),981]

【판시사항】

가. 부동산의 선순위 가등기권자 및 제3취득자가 채무자와 공모하여 후순위채권자의 강제집행을 막고자 선순위 가등기권자 앞으로 본등기를 경료한 경우 강제집행면탈죄의 공범성립 여부

나. 다른 채권자의 강제집행을 면하고자 선순위 가등기권자 앞으로 본등기를 경료한 것이 재산의 "은닉"에 해당하는지 여부

【판결요지】

가. 부동산의 1번 가등기권자와 제3취득자 (갑)이 채무자인 부동산 소유자의 이익을 위하여 후순위 채권자들에 의한 강제집행을 막고자 (갑)이 그 부동산을 매수하고 그 매매대금의 일부로 그 부동산의 가등기권자에 대한 채무를 변제하되 일단 가등기권자 명의로의 소유권이전의 본등기를 경료하여 다른 채권자들의 가압류 및 강제경매의 기입등기를 직권말소케 하는 일련의 등기절차를 거치기로 상호 간에 사전에 협의, 공모하였다면, 가등기권자는 채무자의 강제집행면탈죄에 가담하였다 할 것이므로 설사 가등기권자 자기의 채권담보의 실행책으로 소유권이전의 본등기를 하고 또 (갑)이 정당한 가격으로 그 부동산을 매수하였다 할지라도 채무자의 강제집행면탈죄의 공범으로서의 죄책을 면할 수 없다.

나. 강제집행면탈죄에 있어서 재산의 "은닉"이라 함은 재산의 소유관계를 불명케 하는 행위도 포함하는 것이므로 부동산의 선순위 가등기권자와 그 부동산 소유자가 사전모의하여 그 부동산에 관한 다른 채권자의 강제집행을 면할 목적으로 선순위 가등기권자 앞으로 소유권이전의 본등기를 한 경우도 재산의 은닉에 해당한다.

【주문】

상고를 모두 기각한다.

【이유】

상고이유를 판단한다.

1. 원심판결이 유지한 제1심 판결은 원심공동상피고인은 서울 동대문구 (주소 1 생략) 대지 470평방미터와 동 지상 3층 건물의 소유자로서 위 건물의 신축자금을 조달하기 위하여 1980.5.7 피고인 1, 피고인 2, 피고인 4 등으로부터 돈 7,000만원을 빌려 쓴 후 그 담보로써 피고인 1, 피고인 2 공소외 1 명의로 소유권이전청구권 보존을 위한 가등기를 경료한 외에도 피해자 공소외 2, 공소외 3, 공소외 4의 수인으로부터 약 1억여원의 채무를 부담하였을 뿐만 아니라 공소외 5 등 수인에게 위 건물의 일부씩에 전세권 설정을 하여 그 전세보증금이 약 1억여원이 되고 위 차용금의 원리금의 지급이 지체되어 1980.10.28 채권자 공소외 6이 강제경매신청을 한 것을 비롯하여 여러 채권자가 가압류하는 등 강제집행절차를 진행하자 원심공동피고인으로서는 경매등 정상적인 절차에 의하여 위 부동산을 처분하여 정산하면 아무런 이익이 없게됨을 알고 조금이라도 이익을 볼 수 있는 처분 방법을 물색하던중, 1981.5.경 피고인 3이 본건 부동산의 복잡한 권리관계를 이용하여 염가로 매수하되 1번 가등기권자외의 채권자 등에게는 채무를 변제하지 않는 방법을 강구하기로 한 후 그 방법으로는 1번 가등기권자에게 소유권이전등기를 필하면 후순위권리자 등의 등기는 모두 직권 말소되고 경매신청이나 가압류등도 효력이 소멸하고 경매절차를 진행할 수 없다는 사실을 알고 1번 가등기권자인 피고인 1, 피고인 2와 실질상의 권리자인 피고인 4에게 동인 등에게는 채무의 원리금을 모두 변제하되 통상 거래관행에 따라 가등기의 말소등기절차를 이행하지 아니하게 되면 후순위의 등기가 말소되지 않으므로 일단 1번 가등기에 의한 소유권이전의 본등기를 필한 후 후순위 등기가 모두 직권 말소된 후 다시 원심공동피고인 명의로 소유권을 회복하여 달라고 요구하자 피고인 1, 피고인 2, 피고인 4는 위와 같은 절차를 취하면 후순위권리자는 전혀 변제를 받을 수 없는 대신 원심공동피고인은 상당한 돈을 차지할 수 있음을 알면서도 이에 동의하여 1981.5.26. 20:00경 서울 중구 (주소 2 생략) 소재 공소외 7 변호사

사무실에서 피고인 3이 피고인 1, 피고인 2, 피고인 4에게 위 원심공동피고인의 채무의 원리금으로 101,800,000원을 변제한 후 같은달 27 피고인 1 등의 명의로 소유권이전등기를 필하여 위 부동산을 은닉하였다는 사실을 인정하고 피고인들을 형법 제327조, 제30조에 문죄하였다.

2. 기록에 대조하여 살펴보니 위 제1심 인정의 범죄사실을 수긍할 수 있고 그 과정의 증거취사에 무슨 잘못이 있다고 할 수 없다. 위 사실에 의하면 피고인 1, 피고인 2 및 피고인 4는 단순히 자기들의 채권담보의 실행으로 소유권이전의 본등기를 하고 또 피고인 3는 단순하게 다른 채권자들의 가압류나 강제경매기입등기를 말소된 후에 본건 부동산을 매수하여 소유권이전등기를 마친 것이 아니라 피고인들은 원심공동상피고인의 이익을 위하여 다른 채권자들의 강제집행을 못하겠금 피고인 3이 본건 부동산을 매수하고 그 매매대금의 일부로 선순위가등기권리자인 피고인 1, 피고인 2 및 피고인 4에 대한 채무를 변제하되 일단 본등기를 경료하여 다른 채권자들의 가압류 및 강제경매의 기입등기를 직권 말소케 하는 일련의 등기절차를 거치기로 피고인들과 원심공동상피고인이 사전에 서로 협의 공모하였다는 것이니 피고인들은 원심공동상피고인의 강제집행 면탈죄에 가담하였다 할 것이므로 설사 피고인 1, 피고인 2 및 피고인 4가 자기들의 채권담보의 실행책으로 소유권이전의 본등기를 하고 또 피고인 3이 정당한 가격으로 본건 부동산을 매수하였다 할지라도 위 원심공동피고인의 강제집행면탈죄의 공범으로서의 죄책을 면할 수 없다 고 할 것이다.

그리고 재산의 " 은닉" 이라 함은 재산의 소유관계를 불명케 하는 행위도 포함하는 것이니 위와 같이 사전에 모의하여 피고인 1, 피고인 2 및 공소외 1(실질적 채권자는 피고인 4나 등기는 공소외 1에게 명의신탁한 것임)앞으로 소유권이전의 본등기를 하였음은 재산의 은닉에 해당한다 고 할 것이다.

그렇다면 이와 같은 견해로 한 제1,2심 판결은 정당하고 거기에 소론들과 같은 강제집행면탈죄에 관한 법리오해 있다고 할 수 없으니 소론들의 논지는 이유 없다.

그러므로 상고를 모두 기각하기로 관여법관의 의견이 일치되어 주문과 같이 판결한다.

(10)판례 - 명의신탁자는 그 매매계약에 의해서는 당해 부동산의 소유
　　　　권을 취득하지 못하게 되어, 결국 그 부동산은 명의신탁자
　　　　에 대한 강제집행이나 보전처분의 대상이 될 수 없다는
　　　　판례

대법원 2009. 5. 14. 선고 2007도2168 판결 [강제집행면탈][공2009상,905]

【판시사항】

[1] 형법상 강제집행면탈죄의 객체

[2] 이른바 계약명의신탁의 방식으로 명의수탁자가 당사자가 되어 소유자와 부동산
에 관한 매매계약을 체결하고 그 명의로 소유권이전등기를 마친 경우, 그 부동
산이 채무자인 명의신탁자의 재산으로서 강제집행면탈죄의 객체가 되는지 여부
(소극)

【판결요지】

[1] 형법 제327조는 "강제집행을 면할 목적으로 재산을 은닉, 손괴, 허위양도 또는
허위의 채무를 부담하여 채권자를 해한 자"를 처벌함으로써 강제집행이 임박한
채권자의 권리를 보호하기 위한 것이므로, 강제집행면탈죄의 객체는 채무자의
재산 중에서 채권자가 민사집행법상 강제집행 또는 보전처분의 대상으로 삼을
수 있는 것이어야 한다.

[2] 명의신탁자와 명의수탁자가 이른바 계약명의신탁 약정을 맺고 명의수탁자가 당
사자가 되어 명의신탁 약정이 있다는 사실을 알지 못하는 소유자와 부동산에
관한 매매계약을 체결한 후 그 매매계약에 따라 당해 부동산의 소유권이전등기
를 명의수탁자 명의로 마친 경우에는, 명의신탁자와 명의수탁자 사이의 명의신
탁 약정의 무효에도 불구하고 부동산 실권리자명의 등기에 관한 법률 제4조 제
2항 단서에 의하여 그 명의수탁자는 당해 부동산의 완전한 소유권을 취득한다.
이와 달리 소유자가 계약명의신탁 약정이 있다는 사실을 안 경우에는 수탁자
명의의 소유권이전등기는 무효이고 당해 부동산의 소유권은 매도인이 그대로
보유하게 된다. 어느 경우든지 명의신탁자는 그 매매계약에 의해서는 당해 부

동산의 소유권을 취득하지 못하게 되어, 결국 그 부동산은 명의신탁자에 대한 강제집행이나 보전처분의 대상이 될 수 없다.

【주문】

상고를 기각한다.

【이유】

상고이유를 판단한다.

1. 형법 제327조는 "강제집행을 면할 목적으로 재산을 은닉, 손괴, 허위양도 또는 허위의 채무를 부담하여 채권자를 해한 자"를 처벌함으로써 강제집행이 임박한 채권자의 권리를 보호하기 위한 것이므로, 강제집행면탈죄의 객체는 채무자의 재산 중에서 채권자가 민사집행법상 강제집행 또는 보전처분의 대상으로 삼을 수 있는 것이어야 한다.

한편, 명의신탁자와 명의수탁자가 이른바 계약명의신탁 약정을 맺고 명의수탁자가 당사자가 되어 명의신탁 약정이 있다는 사실을 알지 못하는 소유자와 부동산에 관한 매매계약을 체결한 후 그 매매계약에 따라 당해 부동산의 소유권이전등기를 명의수탁자 명의로 마친 경우에는, 명의신탁자와 명의수탁자 사이의 명의신탁 약정의 무효에도 불구하고 부동산 실권리자명의 등기에 관한 법률 제4조 제2항 단서에 의하여 그 명의수탁자는 당해 부동산의 완전한 소유권을 취득하게 되고(대법원 2005. 1. 28. 선고 2002다66922 판결 참조), 이와 달리 소유자가 계약명의신탁약정이 있다는 사실을 안 경우에는 수탁자 명의의 소유권이전등기는 무효로 되어 당해 부동산의 소유권은 매도인이 그대로 보유하게 되는데, 어느 경우든지 명의신탁자는 그 매매계약에 의해서는 당해 부동산의 소유권을 취득하지 못하게 되어, 결국 그 부동산은 명의신탁자에 대한 강제집행이나 보전처분의 대상이 될 수 없는 것이다.

같은 취지에서, 피고인이 공소외 1로부터 이 사건 아파트를 명의수탁자인 공소외 2 명의로 직접 그 대금 일부를 대출받아 매수하였다면, 이 사건 아파트는 강제집행면탈죄의 객체가 될 수 없고, 따라서 이 사건 강제집행면탈의 공소사실을 유죄로 인정할 증거가 없다고 판단한 원심은 정당하다. 거기에 상고이유에서 주장하는 바와 같은 강제집행면탈죄의 객체에 대한 법리오해 등의 위법이 있다고 할 수 없다.

그러므로 상고를 기각하기로 하여 관여 대법관의 일치된 의견으로 주문과 같이 판결한다.

▣ 편 저 대한법률콘텐츠연구회 ▣

(연구회 발행도서)

· 공소장의견서 정식재판청구서 작성방법과 실제
· 민사소송 답변서 작성방법
· (사례별) 재정신청 항고장 · 항고이유서
· 지급명령 이의신청서 답변서 작성방법
· 지급명령 신청방법
· 새로운 고소장 작성방법 고소하는 방법
· 민사소송 준비서면 작성방법
· 형사사건 탄원서 작성 방법
· 2023년 각종시험대비 판례 법전

강제집행을 면할 목적으로 채무자가 재산을 은닉 · 허위양도 · 허위채무부담
강제집행면탈죄 고소장 작성방법/고소방법

2023년 08월 25일 인쇄
2023년 08월 30일 발행

편 저 대한법률콘텐츠연구회
발행인 김현호
발행처 법문북스
공급처 법률미디어

주소 서울 구로구 경인로 54길4(구로동 636-62)
전화 02)2636-2911~2, 팩스 02)2636-3012
홈페이지 www.lawb.co.kr

등록일자 1979년 8월 27일
등록번호 제5-22호

ISBN 979-11-92369-98-3 (93360)

정가 28,000원